U0620549

本书系浙江外国语学院博达科研提升专项计划
"开放、数字化环境下中国绿色发展研究及其创新路径、机制探析"
（2023HQZZ5）、国家自然科学基金项目（72164029）
以及内蒙古自治区自然科学基金项目（2020MS07003）研究成果

浙江外国语学院博达丛书

开放、数字化环境下中国绿色发展研究及其创新路径、机制探析

Research on China's green development with its innovation path and mechanism in an open and digital environment

杜龙政　熊　妮——著

经济管理出版社
ECONOMY & MANAGEMENT PUBLISHING HOUSE

图书在版编目（CIP）数据

开放、数字化环境下中国绿色发展研究及其创新路径、机制探析/杜龙政，熊妮著．—北京：经济管理出版社，2023.4（2023.8重印）

ISBN 978-7-5096-9007-9

Ⅰ.①开⋯　Ⅱ.①杜⋯②熊⋯　Ⅲ.①中国经济—绿色经济—经济发展—研究　Ⅳ.①F124.5

中国国家版本馆 CIP 数据核字（2023）第 075403 号

组稿编辑：白　毅
责任编辑：杨国强　白　毅
责任印制：许　艳
责任校对：蔡晓臻

出版发行：经济管理出版社
　　　　　（北京市海淀区北蜂窝 8 号中雅大厦 A 座 11 层　100038）
网　　址：www.E-mp.com.cn
电　　话：（010）51915602
印　　刷：北京虎彩文化传播有限公司
经　　销：新华书店
开　　本：720mm×1000mm/16
印　　张：14
字　　数：210 千字
版　　次：2023 年 5 月第 1 版　　2023 年 8 月第 2 次印刷
书　　号：ISBN 978-7-5096-9007-9
定　　价：98.00 元

目　录

1 导言

1.1 研究架构

碳达峰和碳中和成为当今学术界和政界关注的焦点，中国提出力争在2030年之前实现二氧化碳排放的峰值，并在2060年前实现碳中和。这对于正处在城市化加速、工业化转型阶段的中国来说，难度远超其他国家和地区，亟待加速低碳绿色发展，这也成为我国"十四五"时期的重点任务。在此背景下，本书围绕"开放、数字化环境下中国绿色发展研究及其创新路径、机制探析"的主题进行。全书（除导言外）共分为三部分：开放环境下中国绿色发展及"绿色一带一路"共建；数字化时代中国绿色发展创新驱动的路径、机制分析；扩展研究。具体如图1-1所示。

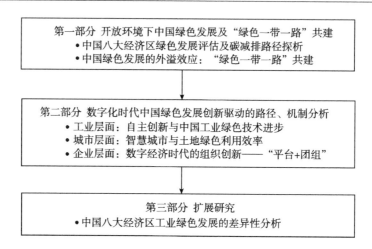

第一部分 开放环境下中国绿色发展及"绿色一带一路"共建
- 中国八大经济区绿色发展评估及碳减排路径探析
- 中国绿色发展的外溢效应："绿色一带一路"共建

第二部分 数字化时代中国绿色发展创新驱动的路径、机制分析
- 工业层面：自主创新与中国工业绿色技术进步
- 城市层面：智慧城市与土地绿色利用效率
- 企业层面：数字经济时代的组织创新——"平台+团组"

第三部分 扩展研究
- 中国八大经济区工业绿色发展的差异性分析

图1-1　本书研究框架

1.2　内容要义

1.2.1　开放环境下中国绿色发展及"绿色一带一路"共建

第一部分：开放环境下中国绿色发展及"绿色一带一路"共建。首先，简单的东部、中部、西部划分方法已经不能准确概括幅员辽阔的中国碳排放约束下不同地区绿色发展的现状，而可以从八大经济区的视角对其进行深入、准确的评估，进而找到降低碳排放的可行路径。其次，四十多年改革开放进程中的国际经济合作对我国的发展起到了积极的促进作用，新形势下我国还会持续扩大开放，尤其是深化与"一带一路"沿线国家的经济合作。那么，碳减排背景下，国际贸易对我国碳排放的影响是怎样的呢？我国对"一带一路"沿线国家的进口和直接投资是否促进了沿线国家的绿色发展呢？这是否能够科学、有力地回击部分国家对于中国输出污染的污蔑？

第一部分包括第2~3章内容。第2章为"中国八大经济区绿色发展评估及碳减排路径探析"。首先采用方向性距离函数的GML指数测算了中国省域绿色全要素生产率，以对比评估省域绿色低碳发展水平。以此为基础，进一步分析南北方、东中西以及八大经济区的绿色发展水平。研究发现，受制于自然环境、市场环境、人口因素等，南北方的差距扩大要甚于西部与中东部，成渝引领的大西南、武汉长沙引领的长江中游进步明显，长三角的新经济发展情况要好于京津冀。最为突出的问题是东北与东部其他沿海地区的差距、大西北与大西南的差距在加速拉大，黄河中游与长江中游的差距也在扩大。长江中游、大西南的低碳发展分别领先于黄河中游、大西北。对此要引起高度的重视。进而，我们从降低碳排放的视角出发重点分析了一系列影响因素。研究发现，人均 GDP 和 CO_2 排放量呈显著的倒"U"形关系，环境库兹涅茨假说成立；城市化水平、产业结构和煤炭消费比重对中国碳排放的影响很大，城市化水平、产业结构和煤炭消费比重每提高 1%，省域碳排放增长率将会分别提高1.18%、1.07%、1.21%，三者是碳排放的主要来源。

第3章为"中国绿色发展的外溢效应：'绿色一带一路'共建"。本章研究在"一带一路"产能合作背景下中国进口和直接投资如何影响东道国的绿色发展，这是共建"绿色一带一路"的关键，可有力驳斥西方国家对华"新殖民主义"的不实指责。本章首先考察了中国对"一带一路"沿线国家直接投资的技术溢出机制、路径；其次采用SBM-GML方法测算出沿线43个国家（地区）的绿色全要素生产率；最后运用差分GMM、系统GMM、门槛回归等方法研究了中国向沿线国家直接投资对东道国绿色发展的影响。研究发现，中国直接投资对沿线国家产生管理效率溢出、生产效率溢出和技术效率溢出，进而促进了东道国绿色发展水平的提升；沿线国家企业增加研发投入，有利于吸收中国产业转移的效率溢出;中国对沿线国家的进口与中国直接投资共同作用,能促进东道国的绿色发展;中国直接投资对东道国绿色发展的作用因其吸收能力的不同而呈现显著的双门槛效应。本章的创新之处在于,将沿线国家分为"适用技术层次""先进技术层次"两类,前者在劳动密集型、资源密集型产业领域具有比较优势,后者在技术密集型、服务型产业领域具有比较优势,中国企业应据此采取不同的直接投资策略。中国进口和直接投资是共建"绿色一带一路"的关键路径。

1.2.2 数字化时代中国绿色发展创新驱动的路径、机制分析

第二部分:数字化时代中国绿色发展创新驱动的路径、机制分析,主要着眼于如何实现绿色发展。因为污染的产生主要来源于第一、第二产业,第二产业又是关键来源,故重点分析工业绿色发展的实现路径问题,尤其是创新驱动与绿色发展的关系。

第二部分包括第4~6章内容。第4章为"工业层面:自主创新与中国工业绿色技术进步"。双循环格局下的内需市场启动应以高质量为核心,通过绿色创新驱动而实现,这种情况下的经济增长是体现工业绿色技术进步的经济增长。首先,利用2001~2015年的省际面板数据,运用GML方法评估中国省域工业高质量发展水平。研究发现,全国、东部、中部的环境规制强度和区域工业高质量发展之间呈"U"形关系,而西部地区没有得到验证;自主创新的相关指标——人力资本、城市化、当期研发对于工业高质量发展的正面影响较大;营商环境对于区域工业高质量发展的影响为正,各地政府应继续推进营商环境的改善,促进民营经济发展;外商直接投资、资源禀赋的影响为负,说明外企的技术外溢不是中国工业高质量发展的来源,需进一步对FDI进行招商选资;高资本劳动比会降低区域工业高质量发展,应抛弃对于资本密集型大项目的经济增长依赖,向高质量发展转型。

第5章为"城市层面：智慧城市与土地绿色利用效率"。现有前沿文献主要聚焦于城市发展模式对土地利用效率的影响，而忽略了新型城市建设对土地绿色利用效率的影响。为此，本章从新型城市发展模式的视角出发，基于中国152个地级市2004~2017年的面板数据，构建了包含期望产出和非期望产出的超效率SBM模型来测算城市土地绿色利用效率，以2012年中国智慧城市试点作为准自然实验，同时结合双重差分法（DID）研究智慧城市建设对城市土地绿色利用效率的影响及其作用机制。研究结果表明：①智慧城市建设显著地促进了城市土地绿色利用效率，总体可以提升15%。②城市规模异质性结果表明，城市规模越大，智慧城市建设对土地绿色利用效率的提升效应就越明显。③城市特征异质性结果表明，在人力资本水平、金融发展水平和信息基础设施水平较高的城市，智慧城市建设下土地绿色利用效率的提升效应明显，且在金融发展水平较高的城市政策效果最优。④机制检验表明，智慧城市建设可以通过信息产业发展效应和区域创新能力提升效应影响城市土地绿色利用效率。

第6章为"企业层面：数字经济时代的组织创新——'平台+团组'"。21世纪以来，数字经济的迅猛发展为我国企业的转型和跨越创造了良好条件。本章首先提出"新部落时代"的概念，指出人类社会"部落时代—工业时代—新部落时代"的演化。为适应新部落时代的要求，企业需要从分工式企业的部门制向互联式企业的团组制转变，从科层制向"平台+团组"转变。其次针对互联式企业的两种主要类型——技术主导型和市场主导型，对比分析了其平台和团组的异同以及在创新方面的差异。最后提出在新的互联网环境和互联式企业"平台+团组"的基础上，进行集群式创新，这是创新升级的必由之路。

1.2.3 进一步分析

第三部分"扩展研究"包括第7章内容。第7章为"中国八大经济区工业绿色发展的差异性分析"。首先本章利用1994~2015年的省际面板数据，运用全局曼奎斯特—鲁恩博格生产率指数（Global Malmquist-Luenberger Proudctivity Index，GML）方法测度、评估了四阶段中国东中西部及八大经济区的区域工业绿色发展水平、主要特征及关键影响因素。研究发现，绿色 TFP 小于市场 TFP，且两者均经历了先上升后下降的"低—高—低"三个阶段，表示绿色转型升级的任务没有完成。技术进步超过技术效率，在绿色全要素生产率中发挥了主要作用，且技术进步和纯技术变化在不同阶段的作用是不一样的，前者在第一阶段发挥了主导作用，之后是后者发挥主导作用。实证表明，环境规制与区域工业绿色发展之间呈"U"形曲线关系，北方的环境规制拐点比南方高出 72%，西部的环境规制拐点比东部高出 76%，表明在东西部差距扩大的同时，南北方的差距也在加大。国企所代表的行政型治理与民企所代表的经济型治理对于区域工业绿色发展的影响不同，实证表明，国有化程度所代表的治理结构对于区域工业绿色发展的影响为负，说明国企的行政型治理会阻碍工业绿色发展，应加大北方及落后地区民营企业经济型治理的比例。进出口所代表的国际化程度意味着利用国内、国外两种资源的能力，其对区域工业绿色发展的影响基本为正。外商直接投资的影响为负验证了"环保逐底竞争"假说，需进一步对 FDI 进行招商选资；人均收入的提高、资本劳动比和碳强度的降低会促进区域工业绿色发展。

1.3　研究方法

本书采取理论研究与实证研究相结合的方式，以实证研究为主线，运用产业经济学、环境经济学、绿色创新、计量经济学等相关理论，通过空间计量模型、效用函数、多元回归分析、门槛模型等方法进行分析研究。

（1）归纳演绎法。本书在现有文献的基础上，通过梳理、归纳国内外有关地区绿色低碳发展等文献，分析不同研究成果及研究路径的优势及缺陷，适当地借鉴他人的研究成果并不断修正研究方案。

（2）社会调查法。采用问卷调查、访谈以及实地调查等方式获取有关管理部门、企业部门对改善地区污染等相关问题、课题研究内容和阶段性成果的意见，找寻既有的政府碳减排治理方式并将其作为案例样本，调查案例所涉及地区的人口、经济及产业分布等基础数据资料。

（3）比较分析法。对比分析不同区域直接的碳排放强度和绿色全要素生产率，并对各种影响因素进行深入和系统的实证研究，进一步探寻实现碳达峰和碳中和的机制路径。

（4）数量模型分析方法：①数据包络分析法（DEA）。计算包含碳排放的绿色全要素生产率，用以衡量绿色发展水平。学者们常用的 L 指数法、ML 指数法适合相邻期间的短期分析，GML 指数法适合时间段较长的测算（Oh，2010）。主流度量竞争力的文献分为两类：TFP（Yang et al.，2015）和绿色TFP（陈超凡等，2016），但陈超凡等（2016）采用 DDF-ML 方法的度量结果不具有传递性，我们使用 GML 指数可解决这一问题。②门槛模型。采用 Hansen（1999）提出的面板门槛回归模型，以估算贸易水平、技术溢出水平等关键要素的门槛值，对门槛值的正确性及门槛效应进行显著性检验。③多元回归分析。包括固定效应方法、随机效应方法、差分 GMM 方法、系统 GMM 方法等，系统 GMM 方法由 Arellano 和 Bover（1995）提出，在解决模型内生性方面有明显优势。实证中通过不同的工具变量策略——内生变量滞后期工具变量（FGLS）、动态模型（系统 GMM）、外生工具变量（2SLS）来控制内生性，使结果更加稳健可靠。

1.4　可能的创新点

（1）对碳约束下的中国八大经济区绿色发展评估及碳减排路径的研究发现：最为突出的问题是东北与东部其他沿海地区的差距、大西北与大西南的差距在加速拉大，黄河中游与长江中游的差距也在扩大。长江中游、大西南的低碳发展分别领先于黄河中游、大西北。对此要引起高度的重视。研究发现，城市化水平、产业结构和煤炭消费比重对中国碳排放的影响很大，这说明城市化、产业结构、煤炭消费三者是碳排放的主要来源。所以城市发展更应该依靠技术创新驱动，以降低碳排放；工业占比过高和对煤炭消费依赖过大都会增加碳排放，工业发展也应向技术创新驱动转型。

（2）对基于中国绿色发展外溢效应的"绿色一带一路"共建的研究发现，中国直接投资对东道国绿色发展的作用因其吸收能力的不同而不同。本章创新之处在于，将"一带一路"沿线国家分为"适用技术层次""先进技术层次"两类。

（3）从智慧城市建设的角度来研究其对城市土地绿色利用效率的影响，结果表明，智慧城市建设能够提升土地绿色利用效率。

（4）关于数字经济时代的企业组织创新，创造性地提出了"平台+团组"。

（5）对中国八大经济区工业绿色发展的差异性分析发现，环境规制与区域工业绿色发展之间呈"U"形关系。

第一部分

开放环境下中国绿色发展及"绿色一带一路"共建

2 中国八大经济区绿色发展评估及碳减排路径探析

2.1 引言

从世界范围来看，中国改革开放以来的市场化、工业化进程的规模和影响力是罕见的，但是以化石燃料大量消耗为基础的发展模式导致了二氧化碳的巨量排放，尤其是 20 世纪末以来的中国重化工业的发展更是加剧了这一趋势。2015 年联合国气候变化巴黎会议上中国向联合国提交的目标是：二氧化碳排放在 2030 年左右达到峰值并争取尽早达峰、单位 GDP 碳排放比 2005 年下降 60%~65%，并将其列入"十三五"发展规划中。《巴黎协定》标志着全球气候治理进入了新阶段，低碳绿色发展成为国际主旋律。

中国经济在经过改革开放的多年高速增长之后进入新发展阶段，须贯彻"创新、协调、绿色、开放、共享"的新发展理念，构建新发展格局。一方面，资源、环境的承载力已达到极限，经济发展必须放弃原来高污染、高排放的经济发展方式；另一方面，按照经济发展规律，中国经济也必须向低污染、低能耗、低排放的方向转型，升级为高质量的绿色发展模式。一方面，新冠肺炎疫情对全球经济造成冲击；另一方面，为实现绿色转型所采取的日趋严厉的节能减排政策，对广大城乡传统产业冲击的范围之广、规模之大是有史以来罕见的，这是中国自1978年改革开放以来的第二次大的政策转折。现在我们还处于这种转型过程中，理论政策制定者和经济业界实践者所急切关注的是，这波环境新政策对经济增长的推动转型作用有多大？各地千差万别的情况之下多数地区是否走出了"L"形曲线发展的低谷，开始迈入"V"形反转的轨道？它对传统经济发展的冲击、影响到底多大？总结起来就是，鉴于各地各区域经济水平的千差万别，它们是否找到了适合自身的低碳发展路径？如果没有，瓶颈和关键阻碍在哪里？如何制定相应的政策？

第一，从区域上来说，考虑到现在南北方差距日益拉大的情况，传统东部、中部、西部的区域划分方法已经不适应研究分析的需要，故本书在此基础上加入八大经济区的细分：西部分为大西南、大西北，中部分为长江中游、黄河中游，东部分为北部沿海、东部沿海、南部沿海，外加东北地区。八大经济区的划分能够适应南北差距日渐加大的区域差别现状，方便我们细分了解区域发展差别，探寻需要解决的不同关键环节，以找准着力点，对症下药。距离2030年两个节能减排节点越来越近，所有这些工作的第一步就是要评估各省份、八大经济区的低碳发展现状。

第二，就研究阶段来说，很多研究或者是研究阶段的截止点相对较早。例如陈诗一（2010）把改革开放前30年（1978~2008年）作为分析阶段，因为受2008年全球金融危机的影响，可能低估了实际低碳绿色发展水平。2008年全球金融危机对世界和中国的冲击很大，影响到了中国的绿色转型进程，这一阶段我们的区域绿色发展情况怎么样，需展开进一步的研究；重庆分置后（因为数据获取的方便性）到2012年（王兵和刘光天，2015）、习近平总书记提出新常态（2013 年）后的几年有什么变化，这是业界和学术界所关注的，故我们的最新数据到 2015 年。我们认为以重庆分置的地域改革事件为起点，而非以中国经济改革的关键性事件为起点，有不够科学性的一面。本章将起点设定为 1994 年，因为很多关键性的改革是在 1994 年展开的。

第三，就研究方法来说，本章将遵循上述能源和环境研究方法论的演化历程，使用产出距离函数统一分析框架并把能源作为投入处理。全要素生产率（TFP）作为衡量经济增长质量和源泉的核心指标，有渐进演变的过程，按照出现先后分为四类：①最初不考虑污染、能源等因素的，王兵等（2010）将其称为市场全要素生产率。②把污染排放也作为投入要素（未支付），将其与资本、劳动、能源一起引入生产函数中。③将污染排放作为生产过程的副产品来处理，未考虑到污染排放的负外部性，如 Färe 等（1994）。将其与"好"产出同等对待，会带来测度误差（Nanere et al.，2007）。④将污染排放看作是具有负外部性的非期望产出，即基于方向性距离函数（DDF）的环境规制行为分析模型（Chambers et al.，1996；Chung et al.，1997），诸多学者以此为基础进行研究（Färe et al.，2001；Boyd Gale et al.，2002；涂正革，2008；王兵等，2010；陈诗一，2010）。但是陈诗一（2010）采取的 DDL-ML 方法的度量会偏大，以基于方向性距离函数和全局曼奎斯特—鲁恩博格生产率指数（DDF-GML）为分析方法，对于真实生产率的度量会更加准确。

我们的一个攻坚目标是探索这几年是否实现了经济的反转，这是大家广泛关注的问题。因此，在不同发展层次的经济区域并存的中国，有必要探寻 1994 年至今的经济发展历程，分析与经济发展相关的碳排放量的趋势特征，评估我国整体、各经济区、各省份的低碳发展现状，找出关键影响因素，总结经验教训，探索适合各区域低碳发展的具体路径，这对于我们实现 2030 年目标具有重大的现实意义。

接下来的结构安排如下：第 2.2 节整理对中国经济整体的生产率进行度量

的主要文献；第2.3节介绍本章使用的数据以及基于方向性距离函数的环境规制模型和生产率指数计算方法；第2.4节进行四阶段划分；第2.5节、2.6节对本章所度量的绿色全要素生产率的结果进行解释，并分析各区域的水平差异及其原因；结论性评论将在第2.7节给出。

2.2　文献综述

2.2.1　研究方法

在可持续发展中，资源和环境成为经济发展的内生变量、刚性约束。地区生产总值未考虑投入约束，而全要素生产率（TFP）将劳动、资本等生产要素投入纳入约束，但是传统的 TFP 没有考虑资源环境约束，会误导政策建议（Hailu & Veeman，2000），其测度方法 Tornqvist 指数和 Fisher 指数存在这种弊端。基于传统距离函数的 Malmquist（M）生产率指数无法计算"坏"产出，而基于方向性距离函数的 Malmquist－Luenberger（ML）生产率指数则可测度"坏"产出下的全要素生产率（Chung et al.，1997）。

由于数据包络分析不需要假设函数形式，可对生产率进行分解，不少学者尝试将环境因素纳入分析框架中，研究环境约束下的中国省际工业生产率（Kaneko & Managi，2004；Watanabe & Tanaka，2007；陈诗一，2009；涂正革，2008；涂正革和肖耿，2009），但他们都运用了径向角度的 DEA 方法，没有考虑投入和产出的松弛问题。为了克服这两个缺陷，Tone（2001）提出了非径向、非角度的基于松弛的效率测度方法（Slack－Based Measure，SBM），学者们在此基础上进行了扩展（Färe & Grosskopf，2010；Fukuyama & Weber，

2009)。

Chambers 等（1996）提出的鲁恩博格（Luenberger）方法与非角度的、具有相加结构的方向性距离函数相适应。Malmquist-Luenberger（DDF-ML）方法与相乘结构的方向性距离函数相适应（Chung et al.，1997；陈诗一，2010）。DDF-L、DDF-ML 方法是用几何平均形式来测算全要素生产率，其结果不具有循环累积性，只能进行相邻时期生产效率的短期变动分析，不适合时间段较长的效率变化测算。DDF-GML 方法可以克服这一缺点。

本章运用基于方向性距离函数的 Global Malmquist-Luenberger 生产率指数（DDF-GML）对考虑能源消耗和碳排放的省际 GTFP 及其分解进行估算，据此比较不同区域绿色经济增长的异质性特征。

2.2.2　环境规制综述

为比较考虑环境约束后的绿色 TFP（GTFP）与未考虑环境约束时（此时 TFP 可称为传统 TFP 或市场 TFP）是否有区别，Kumar（2006）运用 ML 指数方法测算了 41 个国家（地区）的绿色全要素生产率，发现传统 TFP 和 GTFP 并未显著不同，但 ML 指数的分解项（包括技术效率、技术进步等）在考虑环境约束后存在显著差异。Oh 和 Heshmati（2010）用 ML 指数测算 26 个 OECD 国家的 GTFP 后，认为 GTFP 及其分解项与传统 TFP 有显著差异，而且生产率的分解项存在这么一种规律，即在初期的时候，技术效率对 TFP 的贡献大些，后期则是技术进步的贡献更大；忽略非期望产出（坏产出）会得到错误的技术效率变化率（Feng & Serletis，2014）。传统 TFP 未考虑环境资源损耗，扭曲对经济绩效的评价，产生政策误导（Hailu & Veeman，2000）。环境全要素生产率已成为中国工业高速增长、污染减少的核心动力（涂正革和肖耿，2009）。所以有必要研究中国的绿色全要素生产率与传统的市场全要素生产率及其分解项是否有显著差别、各地的情况是否有差异。

开放、数字化环境下中国绿色发展研究及其创新路径、机制探析

环境规制最终的目的是要改变传统粗放的经济增长方式，那是否实现了绿色、可持续的经济增长呢？即是否验证了波特假说？波特认为在环境规制初期，产业监管成本增加，经济绩效降低，但之后为了应对环境规制，加强技术创新，而使经济绩效会上升起来，即环境规制与经济增长之间存在一个先降低后提高的"U"形曲线关系。国内学者的研究中，肯定或否定的都有。环境规制将有利于绿色创新（李玲和陶锋，2012）或与制造业绿色全要素生产率之间存在"U"形关系（殷宝庆，2012；蒋伏心等，2013）。对中国热发电的研究发现，减少主要污染物排放量可以提高能源效率和环境绩效（Bi et al.，2014）。但也有不少学者认为没有实现"U"形反转，中国工业分行业的绿色全要素生产率出现了一定的倒退（李斌等，2013），提高规制强度会减缓地区经济的增速（赵霄伟，2014），环境规制与企业全要素生产率之间符合倒"N"形曲线（王杰和刘斌，2014）。就中国 GTFP 与 TFP 的关系，不同学者的研究结果也不一致，匡远凤（2012）基于随机前沿方法分析了中国三大区域及各省的两种平均生产率水平及省际效率差异，1995～2009 年传统 TFP（0.22%）低于环境全要素生产率（0.85%）。王兵等（2010）以 1998～2007 的数据为样本，结果表明，环境 TFP 的平均增长率（1.8%）要比市场 TFP（1.14%）大。但陈诗一（2010）以 1980～2008 的数据为样本，结果表明，绿色全要素生产率低于传统 TFP。这些结果差异的原因是什么？方法、时间段的差异等可能是主要原因，有必要进行进一步的探讨。

尽管有关中国环境规制的研究成果并不少，但均不能明确判断环境规制在中国绿色发展中的作用和效果，一个重要原因可能是前述学者研究的时间段不够长，尤其是 2012 年以后的数据相对不足，此时世界金融危机的影响未完全消化，有可能低估了环境规制的效果；还有一个原因是简单的东部、中部、西部的划分不足以概括南北方差距拉大的现实，需要进行区域细分的精确研究。所以，有必要探明中国碳减排的努力是否发生了真实作用、中国绿色全要素生

产率（GTFP）的变化是否呈"U"形曲线关系、各地区的具体状况又如何，等等，这些对于区域经济决策部门来说是很有必要搞清楚的问题。

综合已有研究成果来看，要对全要素生产率的变化做出正确解释并非易事。本章使用环境 DDF 模型所估算的绿色全要素生产率有其他方法不具备的两大优势：一是可以通过比较考虑环境因素与否时的生产率估算结果的差异，评估碳排放对于中国各地绿色全要素生产率的影响；二是对比分析降低碳排放的环境规制政策是促进了还是阻碍了各地生产率的提高，程度多大，主要影响因素又是什么。根据波特假说（Porter，1991），正确的环境规制政策能够促进创新从而抵消执行环境政策的成本，实现环境质量和生产率的双赢。基于此，绿色全要素生产率的变化可以用来评估节能减排等所有相关环境规制政策的综合经济效果。

2.3　四阶段的划分

与现有文献相比，本章基于地区低碳经济测度的目标，将资源和环境因素同时纳入生产率的测算框架中，并将其定义为绿色全要素生产率（Green Total Factor Productivity，GTFP），它是在原有生产率的基础上综合资源利用和环境损失之后的"绿色"生产率，能够全面系统地反映地区低碳发展的综合竞争力。本章分析基于 1994～2015 年中国的省际面板数据，这 22 年期间，碳排放又有不同的规律，为此本章首先分析碳排放与经济发展的阶段性特征，以方便把样本划分为不同的子时期。

表 2-1 分析了 1995～2015 年中国各关键指标的增长率，包括碳排放、能源消耗、实际 GDP、固定资产投资、就业人数等，以及碳排放强度、单位

GDP 能耗等细化指标。如图 2-1 和表 2-1 所示，2003 年及后续几年的碳排放呈现两位数的快速增长，2003 年的碳排放比 2002 年增加 16.02%，2011 年的碳排放比 2010 年增加 11.33%，此后就大幅下降。

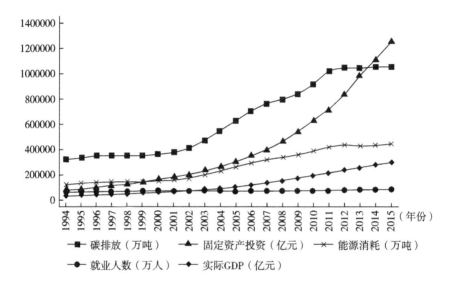

图 2-1　1994~2015 年中国各指标变化趋势

表 2-1　1995~2015 年中国各指标增长率（以 1994 年为基期）

年份	碳排放（%）	能源消耗（%）	实际 GDP（%）	碳排放强度（%）	单位 GDP 能耗（%）	固定资产投资（%）	就业人数（%）
1995	3.99	9.79	12.97	-7.95	-2.82	17.03	1.91
1996	3.89	3.30	11.86	-7.12	-7.65	16.31	1.08
1997	0.24	1.09	10.98	-9.68	-8.92	15.33	1.13
1998	-0.62	0.32	9.69	-9.40	-8.55	15.41	-0.46
1999	-0.36	1.30	8.77	-8.40	-6.87	18.32	0.36
2000	4.58	7.64	9.64	-4.62	-1.82	12.86	1.36
2001	3.72	2.21	9.45	-5.23	-6.62	12.67	0.75
2002	8.14	13.82	10.63	-2.25	2.88	12.84	0.94
2003	16.02	13.80	12.24	3.37	1.39	13.94	1.51

续表

年份	碳排放（%）	能源消耗（%）	实际GDP（%）	碳排放强度（%）	单位GDP能耗（%）	固定资产投资（%）	就业人数（%）
2004	15.53	15.79	13.64	1.66	1.90	14.45	2.15
2005	15.66	13.75	13.13	2.24	0.55	17.24	1.47
2006	12.60	10.13	13.76	−1.02	−3.20	16.03	4.36
2007	7.55	10.31	14.37	−5.97	−3.55	16.35	−0.21
2008	4.29	5.87	11.98	−6.86	−5.45	15.75	1.61
2009	5.55	5.78	11.73	−5.53	−5.32	17.22	1.93
2010	9.39	9.03	13.13	−3.31	−3.62	17.11	3.07
2011	11.33	8.42	11.79	−0.41	−3.01	16.32	1.57
2012	2.38	4.95	10.27	−7.16	−4.83	15.58	1.16
2013	−0.18	−3.55	9.43	−8.78	−11.86	14.70	1.56
2014	0.99	2.91	8.22	−6.68	−4.90	13.39	1.37
2015	−0.35	1.68	7.75	−7.51	−5.63	12.11	0.42

根据表2-1的数据，本章将1994~2015年分为四个阶段（以1994年为基期）：1994~2001年、2002~2007年、2008~2011年、2012~2015年。理由如下：①1994~2001年碳排放的增长率不高，而在2002~2007年维持了两位数的高速增长；2002~2007年能源消耗的增长率也是最高的。②2008年碳排放的增速下降，但在2011年又达到了一个高峰，增长了11.33%，故将2008~2011年作为一个期间进行单独衡量；能源消耗在这一阶段的增长率相对较高。③2012~2015年碳排放的增长率是最低的。④2002年单位GDP能耗的增速开始由下降转变为上升，2001年为−6.62%，2002年为2.88%，故2001年和2002年可分为两个阶段。2002~2007年是中国碳排放的高速增长时期，2008年受全球金融危机的影响，高速增长的势头放缓，但直到2011年，碳排放总体还是增长的，故将2008~2011年作为一个单独的阶段。2012年后碳排放才转为整体低增长或下降趋势，逐渐走向经济的"新常态"阶段，故将2012~2015年作为第四阶段。

2.4 方法、模型与变量

2.4.1 研究方法

2.4.1.1 研究方法述评

陈诗一（2010）对全要素生产率的度量进行了综合分析，认为现有文献中对全要素生产率进行估算的方法可以粗略分为指数法、索罗残差法和前沿生产函数法。①指数法中应用最广泛的指数公式是 Laspeyres 指数、Paasche 指数、Fisher 指数和 Tornqvist 指数，但是需投入与产出的价格信息，环境变量往往被排除在计算之外。②使用索罗残差法估算生产率时（Young，2003；Zheng et al.，2009），要确定投入要素的产出弹性，将先验知识假定为常数，或利用 C-D 生产函数、超越对数函数来回归得到该弹性。这一方法将环境污染纳入核算框架中，但未考虑能源投入问题，会扭曲对经济绩效的评价（Hailu & Veeman，2000）。③前沿生产函数有两种，采用随机前沿模型的研究较多（吴延瑞，2008；朱承亮等，2009；王志平，2010），作为一种参数化方法，它需要先假定效率随时间而变化（陈诗一认为这是其缺陷）；此外它和索罗残差法一样，只能拟合一种产出的生产过程，无法同时模拟"好"和"坏"两种产出。匡远凤和彭代彦（2012）采用的就是这种方法，该方法只能把碳排放作为投入来计算环境全要素生产率。另外，随机前沿模型测算中需要假设具体的生产函数，而在实际测算中，函数往往是隐形的，这是另一个缺陷。

确定性前沿生产函数分参数化和非参数化两种，后者即数据包络分析法。显然，基于投入型或产出型距离函数的 DEA 方法可避免参数化方法的模型设定误差和随机干扰项正态分布假定难以满足的缺陷，且能同时模拟多种产出和多种投入，对"好"产出和"坏"产出进行区分处理。Chung 等（1997）提出方向性距离函数，将污染排放看作非期望产出，以测算绿色全要素生产率，该方法得到了广泛使用。DEA 方法在能源和环境领域被广泛应用（郑京海和胡鞍钢，2005；陶长琪和齐亚伟，2010；Elsadig，2012；Chen & Golley，2014；李斌等，2013；王兵和刘光天，2015；原毅军和谢荣辉，2015）。本章正是基于非参数距离函数框架中的谢泼德产出距离函数和方向性产出距离函数来计算绿色全要素生产率。

2.4.1.2 全局 Malmquist-Luenberger（GML）指数分析方法

本章对绿色全要素生产效率进行测度，以方向性距离函数（DDF）为基础，构建非期望产出排放效率模型和期望产出效率模型。根据 Chung 等（1997）设定的方向性距离函数，将具有弱可处置性的非期望产出纳入投入产出效率评价中，实现对期望产出与非期望产出的增减约束，定义方向性距离函数。

在同时考虑期望产出和非期望产出的情况下，我们就可以用方向距离函数替代产出距离函数来衡量全要素生产率，Chung 等（1997）把该指数命名为Malmquist-Luenberger 生产力指数（简称 ML 指数）表达如下：

$$GML_t^{t+1}(x^t,\ y^t,\ x^{t+1},\ y^{t+1},\ b)^{t+1} = \frac{1+D^G(x^t,\ y^t,\ b^t)}{1+D^G(x^{t+1},\ y^{t+1},\ b^{t+1})} \tag{2-1}$$

其中，$D^G(x,\ y,\ b)$ 为定义在全局生产可能集上的方向性距离函数，方向性距离的求解需要借助线性规划的方法，即 $D^G(x,\ y,\ b) = \max\beta$，且有：

$$s.t. \sum_{t=1}^{T}\sum_{k=1}^{K}\lambda_k^t y_{km}^t \geq (1+\beta)y_m^t$$

$$\sum_{t=1}^{T}\sum_{k=1}^{K}\lambda_k^t y_{kj}^t = (1-\beta)b_j^t$$

$$\sum_{t=1}^{T}\sum_{k=1}^{K}\lambda_k^t x_{kn}^t \leq (1-\beta)x_n^t$$

$$\lambda_k^t \geq 0 \tag{2-2}$$

2.4.2 相关变量的选择

2.4.2.1 绿色全要素投入、产出指标的选择

按照上述理论方法，我们需要 1994~2015 年中国各个省份的"好"产出、"坏"产出和投入数据。根据数据的可得性，我们主要选择除西藏和港澳台地区以外的 30 个省份，由于涉及重庆分置之前的年份，故把重庆合并入四川，称作"新四川"，不影响区域经济效率评价，这样就有 29 个省级单位。"好"产出、"坏"产出和投入的基础数据主要来源于历年《中国统计年鉴》《中国环境年鉴》《中国劳动年鉴》《中国能源统计年鉴》。

"好"产出选用各个省份以 2003 年为基期的实际地区生产总值（GDP）。关于"坏"产出的选择，本书选择二氧化碳排放。二氧化碳主要来源于煤炭、原油和天然气（陈诗一，2012），由于 2003~2012 年的石油数据没有统计，因此用原油替代。

2.4.2.2 资源投入

由于 GDP 是一个增加值指标，资源作为一种中间投入，传统的全要素生产率的测度一般都不将其考虑在内。在考虑了环境因素之后，一些学者将能源等资源投入纳入生产率的测度中，假设其是"坏"产出的主要来源。如 Watanabe 和 Tanaka（2007）考虑了煤炭消费量。

2.4.2.3 劳动投入

在衡量劳动力投入作用时，劳动时间可能是比劳动力人数更好的度量，但是在中国很难获得这方面的数据。本章采用各省历年从业人员数作为劳动投入量指标。

2.4.2.4 资本投入

估算按可比价格计算的资本存量最常用的方法是所谓的"永续盘存法"。在使用"永续盘存法"时主要涉及当期投资指标的选择、基期资本数量的计

算、折旧率的选择和投资平减四个问题。在最新的研究中，吴延瑞（2008）首次对各个地区不同的折旧率进行了研究。所以，本章选择了吴延瑞（2008）研究中所采用的各个省份的折旧率，具体如表2-2所示。

表2-2　本章所使用的投入产出变量的描述性统计分析（1993~2015年）

变量名称	均值	标准误	最小值	最大值
工业总产值（亿元）	9083.70700	13227.33000	47.2	89947.4
二氧化碳排放（万吨）	21360.92000	18599.37000	346.1	108946.5
二氧化硫排放（万吨）	59.24453	40.95149	1.7	183.2
化学需氧量排放（万吨）	18.37661	16.16799	0.3	117.8
资本存量（亿元）	14038.68000	17680.50000	216.7	119715.6
从业人员数（万人）	2486.13700	1812.84400	229.4	8250.4
能源消费（万吨标准煤）	8936.80100	7313.72700	241.8	38899.0

2.5　测算结果及评价

2.5.1　全国绿色全要素生产率的变化及分析

本章采用 DDF-GML 方法测度了1994~2015年各省份考虑非期望产出的绿色全要素生产率指标。由于 GML 指数是绿色全要素生产率的增长率，因此本章借鉴邱斌等（2008）的方法，把绿色全要素生产率的变化率转换为绿色全要素生产率。具体做法是：假设1994年绿色全要素生产率变化率＝绿色全要素生产率＝1，1995年绿色全要素生产率＝1994年绿色全要素生产率×1995年绿色全要素生产率变化率,以此类推,计算出 1996~2015 年的绿色全要素生产率,具体结果如表 2-3 所示。

表 2-3　1994~2015 年两种方法、三种情形下的全要素生产率指数及其分项

方法	绿色 TFP:能源作为投入,碳排放是非期望产出			能源 TFP:能源作为投入,不考虑碳排放			传统 TFP:能源、碳排放均不考虑		
	MI	EC	TC	MI	EC	TC	MI	EC	TC
GML 法	1.0074	1.0043	1.0038	1.0079	1.0070	1.0024	1.0037	1.0099	0.9960
ML 法	1.0584	1.0043	1.0544	1.0664	1.0070	1.0600	1.0720	1.0089	1.0645

陈诗一(2010)认为,绿色全要素生产率的增长率小于不考虑非期望产出时的全要素生产率,且近年来环境恶化,生产率逐渐下降。王兵等(2010)的观点恰好相反。那么具体情况是什么样的呢?本章将对此进行进一步的研究。

本章测算了两种方法、三种情形下的全要素生产率,以对比其特征。在此选取所研究的主要对象——绿色全要素生产率和传统的市场全要素生产率进行对比,选取前者是研究低碳发展水平需要,选取后者是为了与传统研究进行对比。对绿色全要素生产率的计算考虑了能源投入和碳排放的非期望产出,以此来衡量低碳经济的发展水平;对市场全要素生产率的计算则是延续以前的方法,不考虑能源投入、碳排放等。

我们按照 DDF-GML 方法重新计算了 1994~2015 年各种情境下的全要素生产率均值,包括绿色 TFP,即将碳排放作为非期望产出且同时考虑能源投入的全要素生产率(模型 1,均值为 1.0074);能源 TFP,即将能源作为投入而不考虑碳排放的全要素生产率(模型 2,均值为 1.0079);传统 TFP,即能源、碳排放均不考虑的全要素生产率,又称为市场全要素生产率(模型 3,均值为 1.0037)。模型 1 是将碳排放作为非期望产出且同时考虑能源投入的全要素生产率,称之为绿色全要素生产率,平均增长率是 0.74%,低于陈诗一(2010)

按照 ML 方法所得的平均 2.29% 的增长率（其研究区间为 1980~2008 年），结果的不同源于方法的不同，ML 方法的计算结果要更大一些。为方便比较，我们也按照陈诗一（2010）的 DDF-ML 方法进行计算，得到 1994~2015 年的绿色 TFP 平均增长率，为 5.84%，比 1980~2008 年的增长率要高，这是因为 20 世纪 80 年代的低碳绿色发展水平要差，所以 1994~2015 年低碳绿色发展要好于 1980~2008 年，因为真正考虑节能减排高质量发展是 20 世纪 90 年代之后的事情，而且越往后监管越严格。两种方法结果的不同，主要源于对技术进步的评估值不同，ML 方法高估了技术进步（TC）的增长率（见表 2-3）。模型 1 的增长率小于模型 2、模型 3 的数值，这与陈诗一（2010）的结论也是一致的。陈诗一（2010）认为，考虑能源的消耗、能源和碳排放的非期望产出的情况时，会降低实际增长率。但我们的结论不完全是如此。从 1994~2015 年的数据均值来看是这样的，但具体到各阶段情况又有所不同。

1994~2015 年 0.74% 的平均增长率意味着绿色全要素生产率虽然在提高，但增长并不明显，转型升级的任务没有完成；传统的市场全要素生产率情况更加不乐观，仅有 0.37% 的平均增长率（使用 DDF-ML 方法进行测算平均增长率为 7.2%，这说明该方法的高估是比较明显的）。为了方便分析，在此只对比绿色 TFP 与传统 TFP，模型 2 中的能源 TFP 不再予以讨论。

绿色全要素生产率与传统的市场全要素生产率经历了"高—低—高"三个阶段，具体如表 2-4 所示。

表 2-4 中国各阶段绿色 TFP、传统 TFP 各指标

时期	绿色 TFP			传统 TFP		
	MI	EC	TC	MI	EC	TC
1994~2001 年	1.0080	1.0157	0.9938	1.0019	1.0406	0.9653
2002~2007 年	1.0023	0.9953	1.0075	1.0218	0.9952	1.0288

续表

时期	绿色 TFP			传统 TFP		
	MI	EC	TC	MI	EC	TC
2008~2011 年	1.0046	1.0020	1.0028	0.9998	0.9950	1.0050
2012~2015 年	1.0165	0.9999	1.0168	0.9840	0.9931	0.9911
全期	1.0074	1.0043	1.0038	1.0037	1.0099	0.9960
2015 年	1.0205	1.0006	1.0200	0.9949	0.9860	1.0092

第一阶段（1994~2001 年）绿色 TFP 的年均增长率是 0.80%，大于传统 TFP 的 0.19%，说明低碳绿色发展较好。第二阶段（2002~2007 年）绿色 TFP 的增长率是 0.23%，小于传统 TFP 2.18% 的增长率，说明低碳经济的发展速度远远比不上传统经济的发展速度，这一结论与陈诗一（2012）的结论一致。20 世纪 80 年代的放开搞活使资源型（如煤炭）企业盲目发展，效率低、污染高；1994 年煤炭双轨制价格率先放开，20 世纪 90 年代中后期对国有企业抓大放小，淘汰了 10 多万家高耗能、高污染的资源型小企业；1997 年出台《中华人民共和国节约能源法》。第二阶段的低碳经济状况不佳，这源于 21 世纪初以来房地产、汽车、基础设施、机电和化工等高耗能的重化产业急剧膨胀，高能耗、高污染的特征凸显，直到 2007 年出台《中国应对气候变化国家方案》，情况才逐渐好转。陈诗一（2012）认为，2003~2005 年是中国低碳经济的历史低谷，从碳排放总量的视角来看，2003~2005 年是研究样本中碳排放年增长率超过 15% 的三年，也是样本中碳排放强度增长率为正的三年，其他年份的碳排放强度为负增长。第三阶段（2008~2011 年）的绿色 TFP 的年均增长率为 0.46%。第四阶段（2012~2015 年）的年均增长率为 1.65%。

四个阶段又可以分为两个大的阶段（第一、第二阶段和第三、第四阶段）。第一、第二阶段绿色 TFP 的年均增长率为 0.54%，小于市场 TFP1.10% 的增长率，即该期间绿色 TFP 小于市场 TFP，这一点与陈诗一（2010）的观点一致，但与王兵等（2010）的观点不一致，王兵等（2010）的研究区间是

1998～2007年，绿色全要素生产率均值是1.8%，大于市场全要素生产率的1.14%，但王兵模型的缺点是不具有循环累计性，且研究区间中少了四年。

第三、第四阶段的绿色全要素生产率（均值1.0106%）大于市场全要素生产率（均值为0.9919%），这说明后期的市场全要素生产率处于下降趋势，而绿色全要素生产率则有1.06%的增长率。这是与陈诗一（2010）研究结果的不同之处，说明最近几年的绿色环保治理发挥了作用，但也说明传统产业还是处于痛苦挣扎中。

2.5.2 中国22年来的全要素生产率的曲线特征："U"形与倒"U"形

由表2-4可知：①中国低碳经济即绿色全要素生产率的发展大致呈"U"形，从第一阶段的0.80%下降到第二阶段的0.23%、第三阶段的0.46%，在第四阶段明显上升，达到1.65%。②市场全要素生产率经历了先高后低的倒"U"形曲线发展，从第一阶段的0.19%上升到第二阶段的2.18%，然后下降到第三阶段的-0.02%、第四阶段的-1.6%。这说明传统经济的生产率增长不仅趋于停滞，而且处于持续下降中，传统的发展模式遭受冲击。

第一阶段，绿色TFP要好于市场TFP，说明20世纪90年代的国企改革、一大批效益不好的中小企业的关停并转对于环保、经济有着显著的改善作用。第二阶段，西部大开发以及重化工业的发展使绿色低碳发展速度下降，传统经济迅猛发展。第三阶段，2008年全球金融危机导致外部需求不旺，同时碳减排的压力陡增（2009年哥本哈根气候变化会议上中国承诺到2020年单位GDP二氧化碳排放比2005年下降40%～45%），中国经济高速增长的势头放缓，传统产业发展受到遏制，市场TFP在第三、第四阶段处于持续下降趋势，但绿色全要素生产率则一直处于增长趋势，一增一减对比明显。从绿色发展角度来看是进步了，但从实际企业感受角度来说，传统产业处于痛苦挣扎中，与互联网、环保相关的新兴经济发展较好。应该说，经济还没有走出下降周期。

很多学者关注的问题是，中国经济增长方式到底是更加集约了，还是更加粗放了。赵文军等认为，中国工业经济增长方式的粗放型特征日益强化，出现如此结论的原因：一是他采用的是传统 TFP，没有考虑能源投入、碳排放等非期望产出；二是样本区间短，赵文军等的研究区间为 2000~2010 年，大概相当于本书划分的第二、第三阶段，此时正是中国重化工业发展最快、碳排放最高的阶段，且 2008 年的全球金融危机对于出口市场打压严重，所以他们得出粗放式发展在加强的结论是可以理解的。本章得出市场 TFP 具有倒 "U" 形曲线的特征，这与赵文军等的结论趋于一致。如果从绿色全要素生产率的视角来看则未必，我们使用 DDF-GML 方法重新计算该区间（2000~2010 年）绿色 TFP 的年均增长率，结果为 0.46%，说明低碳绿色发展虽然不快，但处于改善之中，且增长率在第四阶段重新上升到了 1.65%，在 2015 年更是实现了 2.05% 的增长率，实现了 "U" 形反转，说明碳排放强度在降低，能源的集约式利用效率在提高，这是集约式发展的一个方面，与赵文军等的研究结论不一致。但 2015 年的市场全要素生产率呈现负增长，增长率为 -0.49%，市场 TFP 倒 "U" 形曲线的特征在强化，说明产业除节能环保方面之外的技术创新、技术效率尚显不足，产业升级的难度较大，这又是粗放式发展在某些方面的恶化。

2.5.3 中国 22 年来（以 1994 年为基期）的东中西部、南北方的绿色全要素生产率对比

由图 2-2 可知，全国绿色 TFP 在初期经历了低位徘徊，2012 年后稳步上升；全国市场 TFP 前期表现平稳，2008 年全球金融危机后逐渐下降。

从南北方来看，规律与全国的表现基本一致，区别在于南方的表现优于北方；从东部、中部、西部地区来看，东部地区的整体表现比较稳健，没有大的波动；而中部、西部地区在 20 世纪前十年中，市场 TFP 有过剧烈波动，说明环保新政对于中部和西部产业的冲击比较大，可能这两个地区对于重工业的依赖性

较强。西部地区的绿色 TFP 在 2015 年之前上升较快，与市场 TFP 对比鲜明。

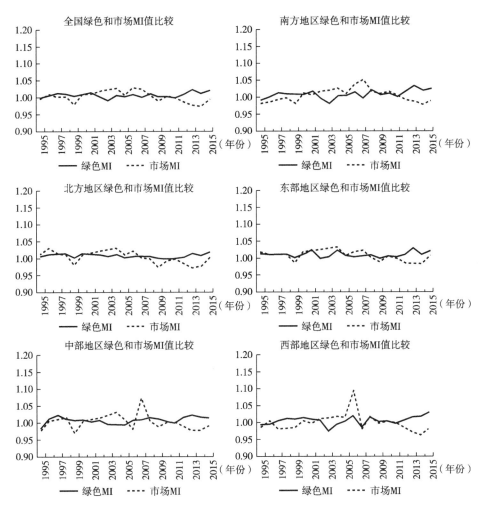

图 2-2 全国、南北方、东中西部绿色 TFP 与市场 TFP 的对比

2.5.4 中国八大经济区全要素生产率及绿色全要素生产率对比

（1）2008 年金融危机以后八大经济区市场 TFP、绿色 TFP 的对比。由前文的论述可知，整体来说我国绿色 TFP 实现了"U"形反转。由于我们很关注 2008 年全球金融危机之后的经济发展情况，故先从第三、第四阶段（2008~

2015 年）的整体来看。八大经济区在绿色增长方面的表现如表 2-5 所示。2008~2015 年，除东北经济区呈现出 -0.09% 的下降之外，其他经济区绿色 TFP 的年均增长率全部为正，增长率大于 1% 的，按照从高到低依次为长江中游（2.11%）、东部沿海（1.65%）、大西南（1.54%）、北部沿海（1.44%）、南部沿海（1.04%），黄河中游和大西北均为 0.31%。这说明同样是中部，长江中游的表现优于黄河中游；同样是西部，大西南也优于大西北，这说明简单的东部、中部、西部的划分方法是不严谨的，中部、西部地区内部分化严重，同样是中部或西部，南方表现要优于北方。东北的经济转型任务最重，传统的重工业基地、国企比例过高，导致绿色全要素生产率出现负增长。

表 2-5　八大经济区各阶段绿色 TFP 指标（以 1994 年为基期）

时期	DMU	绿色 MI	EC	TC	PEC	PTC	SEC	STC
1995~2001 年	南部沿海	1.0096	0.9997	1.0101	1.0000	1.0001	0.9997	1.0099
	东部沿海	1.0044	1.0044	1.0012	1.0038	0.9940	1.0008	1.0072
	北部沿海	1.0107	1.0116	1.0014	0.9949	0.9989	1.0170	1.0022
	东北	1.0211	1.0353	0.9872	1.0271	0.9953	1.0084	0.9923
	长江中游	1.0079	1.0391	0.9721	1.0276	0.9785	1.0115	0.9940
	黄河中游	1.0058	1.0169	0.9897	1.0139	0.9875	1.0030	1.0023
	大西南	1.0025	1.0123	0.9922	1.0102	0.9883	1.0023	1.0048
	大西北	1.0050	1.0044	1.0011	1.0076	0.9784	0.9973	1.0260
	全国均值	1.0080	1.0157	0.9938	1.0107	0.9895	1.0052	1.0050
2002~2007 年	南部沿海	0.9832	0.9988	0.9837	1.0000	0.9904	0.9988	0.9926
	东部沿海	1.0099	1.0091	1.0024	0.9995	1.0057	1.0097	0.9972
	北部沿海	1.0170	1.0011	1.0168	1.0038	1.0054	0.9985	1.0123
	东北	1.0147	0.9968	1.0189	1.0021	1.0120	0.9947	1.0067
	长江中游	1.0047	0.9888	1.0161	0.9923	1.0080	0.9963	1.0082
	黄河中游	0.9983	0.9889	1.0106	0.9913	1.0058	0.9985	1.0055
	大西南	0.9951	0.9887	1.0060	0.9917	0.9990	0.9969	1.0079
	大西北	0.9960	0.9950	1.0013	0.9955	0.9857	1.0003	1.0183
	全国均值	1.0023	0.9953	1.0075	0.9967	1.0014	0.9990	1.0068

续表

时期	DMU	绿色 MI	EC	TC	PEC	PTC	SEC	STC
2008~ 2011 年	南部沿海	1.0008	0.9928	1.0085	1.0000	0.9953	0.9928	1.0136
	东部沿海	1.0143	1.0087	1.0058	1.0015	1.0154	1.0071	0.9903
	北部沿海	1.0064	0.9996	1.0070	0.9973	1.0090	1.0022	0.9982
	东北	0.9938	0.9984	0.9955	0.9933	1.0085	1.0053	0.9872
	长江中游	1.0172	1.0090	1.0081	1.0058	1.0038	1.0033	1.0043
	黄河中游	0.9979	0.9979	1.0005	0.9890	1.0074	1.0089	0.9934
	大西南	1.0044	1.0095	0.9951	1.0058	0.9979	1.0043	0.9973
	大西北	1.0011	0.9987	1.0023	0.9906	1.0126	1.0111	0.9923
	全国均值	1.0046	1.0020	1.0028	0.9979	1.0062	1.0046	0.9971
2012~ 2015 年	南部沿海	1.0200	0.9909	1.0299	1.0000	1.0106	0.9909	1.0191
	东部沿海	1.0187	0.9996	1.0193	0.9988	1.0168	1.0008	1.0023
	北部沿海	1.0225	1.0093	1.0136	1.0036	1.0233	1.0055	0.9905
	东北	1.0044	0.9916	1.0129	0.9943	1.0036	0.9974	1.0091
	长江中游	1.0249	1.0073	1.0176	1.0093	1.0127	0.9981	1.0049
	黄河中游	1.0083	0.9968	1.0114	0.9977	1.0125	0.9991	0.9989
	大西南	1.0265	1.0058	1.0206	1.0064	1.0213	0.9997	0.9994
	大西北	1.0051	0.9936	1.0117	1.0220	0.9884	0.9732	1.0249
	全国均值	1.0165	0.9999	1.0168	1.0047	1.0112	0.9955	1.0057
2008~ 2015 年	南部沿海	1.0104	0.9919	1.0192	1.0000	1.0030	0.9919	1.0163
	东部沿海	1.0165	1.0041	1.0125	1.0002	1.0161	1.0039	0.9963
	北部沿海	1.0144	1.0045	1.0103	1.0004	1.0161	1.0038	0.9943
	东北	0.9991	0.9950	1.0042	0.9938	1.0060	1.0013	0.9981
	长江中游	1.0211	1.0081	1.0129	1.0075	1.0083	1.0007	1.0046
	黄河中游	1.0031	0.9973	1.0060	0.9933	1.0100	1.0040	0.9962
	大西南	1.0154	1.0076	1.0078	1.0061	1.0096	1.0020	0.9984
	大西北	1.0031	0.9961	1.0070	1.0063	1.0005	0.9922	1.0086
	全国均值	1.0106	1.0010	1.0098	1.0013	1.0087	1.0001	1.0014
1995~ 2015 年	南部沿海	1.0023	0.9965	1.0060	1.0000	0.9984	0.9965	1.0074
	东部沿海	1.0106	1.0056	1.0058	1.0012	1.0058	1.0045	1.0002
	北部沿海	1.0139	1.0059	1.0092	0.9995	1.0073	1.0067	1.0021
	东北	1.0109	1.0090	1.0027	1.0073	1.0042	1.0018	0.9987

续表

时期	DMU	绿色 MI	EC	TC	PEC	PTC	SEC	STC
1995~2015 年	长江中游	1.0120	1.0129	1.0002	1.0099	0.9983	1.0030	1.0021
	黄河中游	1.0026	1.0014	1.0019	0.9996	1.0013	1.0021	1.0009
	大西南	1.0053	1.0038	1.0021	1.0033	0.9995	1.0006	1.0032
	大西北	1.0017	0.9986	1.0034	1.0036	0.9889	0.9962	1.0172
	全国均值	1.0074	1.0043	1.0038	1.0031	1.0002	1.0015	1.0042

  总结 2008~2015 年八大经济区绿色 TFP 的分项指标情况发现，技术进步的贡献要大于技术效率。技术进步的年均增长率都为正，技术效率则有正有负，东部沿海、北部沿海、长江中游、大西南为正，东北、黄河中游、大西北为负，南部沿海也为负。大西南的表现优于黄河中游、大西北，大西南的技术效率比沿海地区还要高，这说明大西南绿色经济发展的效果是显著的；但是大西南市场 TFP 的表现弱于沿海地区，年均增长率为负（-0.69%），这主要是技术效率低（-1.39%）所致，这说明大西南虽然绿色技术效率在提高，但市场技术效率却在下降。长江中游的表现比较亮眼，绿色 TFP 的年均增长率在八大经济区中最高，这主要源于技术进步（TC），长江中游的规模技术进步（STC）的增长率明显高于沿海地区，说明其产业结构调整、劳动力重新配置的效果比较明显。

  比较八大经济区三、四阶段的绿色 TFP 和市场 TFP 的表现，整体来看，绿色 TFP 呈现上升趋势，第四阶段的表现好于第三阶段，八大经济区第三至第四阶段的变化如下：南部沿海（0.01%→2.00%）、东部沿海（1.41%→1.87%）、北部沿海（-0.09%→2.25%）、东北（-1.83%→0.44%）、长江中游（1.73%→2.49%）、黄河中游（-2.01%→0.83%）、大西南（0.84%→2.65%）、大西北（-0.34%→0.51%）。大西南增长趋势明显，说明以四川、重庆为代表的大西南新经济发展势头良好，贵州的大数据基地也发展良好。长江中游表现较好，区位优势明显。这说明中国环境规制的表现较好，推动了传统经济向绿色经济的转型。

市场 TFP 呈下降趋势，即第四阶段的表现低于第三阶段，南部沿海（0.08%→-2.80%）、东部沿海（1.43%→0.33%）、北部沿海（0.64%→0.38%）、东北（-0.62%→-2.48%）、长江中游（1.72%→-0.86%）、黄河中游（-0.21%→-2.32%）、大西南（0.44%→-2.22%）、大西北（0.11%→-2.88%），具体如表 2-6 所示。只有东部沿海和北部沿海在第三阶段的年均增长率为正，其余都为负。比较奇怪的是南部沿海的下降幅度较大，这表明外部市场的萎缩对广东、福建的外向型经济打击较大。整个北方除北部沿海外，东北、黄河中游、大西北的实体经济的衰落较为明显，长江中游、大西南的下降也很明显，两者的市场 TFP 由正转负，下降幅度累计均超过 2.5%。这说明中国区域经济发展整体上尚未脱离低谷。中国经济扭亏为盈的任务不是短期内可以完成的。

表 2-6　八大经济区各阶段市场 TFP 指标（以 1994 年为基期）

时期	DMU	市场 MI	EC	TC	PEC	PTC	SEC	STC
1995~2001 年	南部沿海	1.0116	1.0111	1.0040	0.9934	1.0158	1.0178	0.9887
	东部沿海	0.9985	1.0299	0.9700	1.0039	0.9795	1.0258	0.9909
	北部沿海	1.0054	1.0326	0.9755	1.0034	0.9904	1.0294	0.9853
	东北	1.0286	1.0625	0.9686	1.0403	0.9898	1.0231	0.9798
	长江中游	0.9921	1.0491	0.9492	1.0316	0.9748	1.0168	0.9741
	黄河中游	1.0074	1.0526	0.9585	1.0389	0.9720	1.0138	0.9868
	大西南	0.9761	1.0407	0.9419	1.0312	0.9628	1.0093	0.9800
	大西北	1.0034	1.0417	0.9666	1.0247	0.9398	1.0179	1.0328
	全国均值	1.0019	1.0406	0.9653	1.0218	0.9764	1.0189	0.9901
2002~2007 年	南部沿海	1.0322	1.0138	1.0217	1.0071	1.0231	1.0104	1.0024
	东部沿海	1.0173	1.0087	1.0156	1.0003	1.0200	1.0088	0.9957
	北部沿海	1.0198	1.0035	1.0238	1.0052	1.0120	1.0001	1.0137

续表

时期	DMU	市场 MI	EC	TC	PEC	PTC	SEC	STC
2002~2007年	东北	1.0214	0.9968	1.0256	1.0022	1.0140	0.9947	1.0113
	长江中游	1.0244	0.9868	1.0375	0.9878	1.0149	0.9992	1.0214
	黄河中游	1.0197	0.9854	1.0363	0.9864	1.0210	0.9999	1.0157
	大西南	1.0283	0.9862	1.0375	0.9843	1.0206	1.0019	1.0155
	大西北	1.0130	0.9890	1.0268	0.9974	1.0032	0.9936	1.0258
	全国均值	1.0218	0.9952	1.0288	0.9956	1.0158	1.0007	1.0137
2008~2011年	南部沿海	1.0001	1.0054	0.9948	1.0073	0.9973	0.9983	0.9975
	东部沿海	1.0141	1.0082	1.0063	1.0028	1.0193	1.0054	0.9873
	北部沿海	0.9991	0.9948	1.0049	0.9964	1.0156	0.9984	0.9896
	东北	0.9817	0.9951	0.9866	0.9922	1.0067	1.0030	0.9804
	长江中游	1.0173	1.0001	1.0172	1.0021	0.9956	0.9981	1.0220
	黄河中游	0.9799	0.9792	1.0009	0.9759	1.0076	1.0033	0.9937
	大西南	1.0084	0.9828	1.0264	0.9861	1.0035	0.9967	1.0230
	大西北	0.9966	1.0001	0.9964	0.9949	0.9929	1.0078	1.0052
	全国均值	0.9998	0.9950	1.0050	0.9941	1.0045	1.0013	1.0010
2012~2015年	南部沿海	0.9720	0.9922	0.9798	1.0105	0.9835	0.9830	0.9973
	东部沿海	1.0033	1.0063	0.9971	1.0024	1.0097	1.0039	0.9875
	北部沿海	1.0038	1.0087	0.9967	1.0061	1.0108	1.0021	0.9860
	东北	0.9752	0.9827	0.9925	0.9855	1.0020	0.9970	0.9908
	长江中游	0.9914	1.0039	0.9876	1.0087	0.9901	0.9953	0.9976
	黄河中游	0.9768	0.9871	0.9902	0.9909	1.0054	0.9961	0.9848
	大西南	0.9778	0.9899	0.9878	0.9945	0.9978	0.9952	0.9900
	大西北	0.9712	0.9749	0.9966	1.0195	0.9851	0.9571	1.0143
	全国均值	0.9840	0.9931	0.9911	1.0026	0.9980	0.9909	0.9937
2008~2015年	南部沿海	0.9860	0.9988	0.9873	1.0089	0.9904	0.9906	0.9974
	东部沿海	1.0087	1.0072	1.0017	1.0026	1.0145	1.0047	0.9874
	北部沿海	1.0014	1.0017	1.0008	1.0012	1.0132	1.0002	0.9878
	东北	0.9784	0.9889	0.9895	0.9888	1.0043	1.0000	0.9856
	长江中游	1.0043	1.0020	1.0024	1.0054	0.9928	0.9967	1.0098
	黄河中游	0.9783	0.9832	0.9955	0.9834	1.0065	0.9997	0.9893
	大西南	0.9931	0.9863	1.0071	0.9903	1.0006	0.9959	1.0065

续表

时期	DMU	市场 MI	EC	TC	PEC	PTC	SEC	STC
2008~2015年	大西北	0.9839	0.9875	0.9965	1.0072	0.9890	0.9824	1.0097
	全国均值	0.9919	0.9941	0.9981	0.9983	1.0013	0.9961	0.9974
1995~2015年	南部沿海	1.0077	1.0072	1.0027	1.0032	1.0082	1.0053	0.9959
	东部沿海	1.0077	1.0152	0.9951	1.0024	1.0044	1.0129	0.9909
	北部沿海	1.0080	1.0125	0.9989	1.0031	1.0053	1.0099	0.9943
	东北	1.0074	1.0157	0.9928	1.0098	1.0023	1.0062	0.9910
	长江中游	1.0060	1.0134	0.9947	1.0091	0.9931	1.0041	1.0012
	黄河中游	0.9998	1.0070	0.9948	1.0028	0.9991	1.0044	0.9960
	大西南	0.9975	1.0044	0.9941	1.0022	0.9937	1.0021	1.0002
	大西北	0.9987	1.0060	0.9952	1.0102	0.9767	0.9974	1.0220
	全国均值	1.0037	1.0099	0.9960	1.0054	0.9971	1.0050	0.9996

下面分别进行论述：①南部沿海 TFP 下降主要源于技术进步的下降，这是因为外向型经济萎缩；海南工业不发达，拖了后腿；广东已经发展到一定程度，继续升级遇到了困难。②大西北下降明显，主要是因为技术效率下降，为2.51%，进一步分析，技术效率（EC）中的规模技术效率（SEC）下降最大，为4.29%，说明大西北地区的规模报酬递减明显；纯技术进步（PTC）下降了1.49%，技术创新遇到障碍；而规模技术进步 STC 则出现了1.43%的增长，说明要素配置规模效益的提高是明显的。③第四阶段，大西南的技术效率 EC 和技术进步 TC 都差不多，但是技术效率比第三阶段上升了，而技术进步由第三阶段的2.64%的增长率下降到-1.22%的增长率，下降明显的是规模技术进步，由第三阶段的2.30%的增长率变为-1.00%的增长率，说明大西南要素配置的结构红利消失。④东北的下降主要源于技术效率的下降，PEC 由-0.78%下降到-1.45%，SEC 由0.30%下降到-0.30%，说明纯技术效率下降明显，这是因为对于重工业依赖性较强，向新经济转型遇到阻力，员工素质跟不上；规模技术效率为负，说明规模报酬从递增变为递减。⑤黄河中游第三、第四阶段的增

长率均较小，主要是因为技术效率低，但第四阶段有所上升，从-2.08%上升到-1.29%；技术进步由0.09%变为-0.98%。细分来看，规模技术进步STC最低，为-1.52%。⑥长江中游。长江中游的下降主要源于技术进步，技术进步从1.72%下降到-1.24%，STC由2.20%变为-0.24%，说明要素配置效益红利已经消失。⑦东部沿海的下降源于技术进步，两个阶段的STC都比较低，分别为-1.27%、-1.25%，要素配置红利已经消失；PTC从1.93%下降到0.97%，说明技术进步的上升速度开始降低。⑧北部沿海的上升是由于技术效率，技术效率由-0.52%变为0.87%，纯技术效率和规模技术效率都出现明显上升，说明技术创新处于增长阶段，且要素配置红利也产生了。

（2）八大经济区绿色TFP和市场TFP对比。1994~2015年八大经济区的绿色和市场全要素生产率的数据走势对比如图2-3所示。从绿色TFP来看，第一阶段表现较好，第二、第三阶段相对较差，第四阶段又有所好转。第一阶段东北表现较好，主要是因为技术效率较高，具有年均3.53%的增长率，其中纯技术效率贡献最大，是2.71%。从纯技术效率来看，东北、长江中游在第一阶段较好，说明企业技术效率提升明显，员工素质、管理效率提升明显。同时，这两者的技术进步TC又较低。第三、第四阶段大西南、长江中游的技术进步比较明显，主要源于纯技术变化的提升；黄河中游、东北、大西北的绿色发展较慢。

（3）八大经济区绿色TFP分阶段分析。第一阶段八大经济区的绿色TFP的增长率都为正，第二阶段大西北、大西南、黄河中游、南部沿海的增长率为负，说明绿色经济发展出现恶化。第一阶段的东北表现较好，绿色TFP的增长率为2.11%，其中技术效率贡献最大（3.53%）。长江中游、东北的纯技术效率变化最大（分别为2.76%、2.71%），说明企业生产效率的提升最快。南部沿海的规模技术进步（STC）较大，说明产业结构升级相对较好；但是东北、长江中游的规模技术进步最小，说明产业升级迟缓；大西北的规模技术进

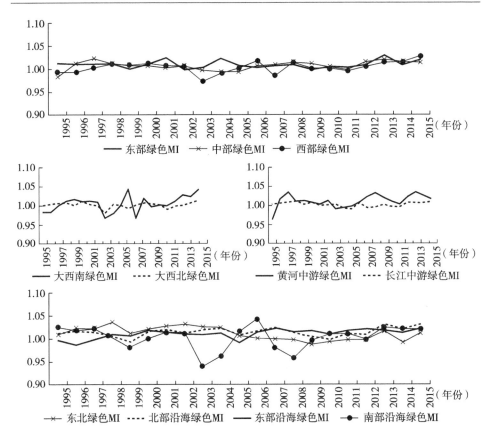

图 2-3　八大经济区的绿色 TFP 和市场 TFP 走势对比

步较快，说明其产业起点低，进步较快，因为西部是市场化发展较晚的地区。北部沿海的规模效率（SEC）进步最大，长江中游次之。

第二阶段（2002~2007 年）技术效率下降，技术进步开始成为 TFP 的主要贡献源。重化工业的发展使绿色 TFP 有所下降，其中南部沿海、大西南、大西北、黄河中游的年均增长率为负，四大区的技术效率增长率均为负，说明重化工业的比重上升，其资源消耗、碳排放量较大，技术效率相较于第一阶段有所降低，其中纯技术效率变化（PEC）是下降的主要原因。这一阶段规模技术进步表现相对较好，增长率均为正，与第一阶段类似，大西北的增长率较高

（1.83%），说明其产业要素配置红利的释放还有空间；而东北的纯技术变化较高（1.20%），因为东北是重工业的基地，西部开发和产业的重型化对其拉动较大。整体来说该阶段是八大区绿色经济发展的低点。

第三阶段绿色发展开始回升，除东北、黄河中游外的经济区均有所上升，东北下降严重，年均下降为0.62%。这说明金融危机的冲击遏制了中国高速发展的势头，在经济发展速度下降的同时，东北的问题暴露出来。其技术效率、技术进步均为负增长，下降幅度分别为年均0.16%、0.45%。大西南的技术进步虽然下降幅度也与之相似，但技术效率却有0.95%的年均增长率，大西南绿色经济发展成效显著。东北技术进步下降的主要原因是规模技术进步有年均1.28%的下降，说明东北的产业结构升级、要素配置合理化一直解决不了，找不到好的产业发展方向。黄河中游的主要问题是纯技术效率的下降，其平均增长率为-1.10%，说明企业生产效率提高不了，这可能是人口外流、管理水平低下等所致。长江中游的表现最好，绿色TFP有1.72%的平均增长率，纯技术效率和大西南的增长率均为0.58%，可能的原因是长三角、珠三角的产业转移、熟练工人回流等使其提高较快。长江中游的规模技术进步增长率为0.43%，仅次于南部沿海的1.36%，说明这两大经济区的产业升级、要素配置较为合理。东部沿海的纯技术变化最佳（1.54%），说明企业技术进步的速度最快，自主创新能力最佳，抗金融危机能力也相应增强。但南部沿海的规模技术效率却在下降，平均下降率为0.72%，这可能是因为产业外移，在产业结构升级过程中，企业因不适应而使规模经济降低，但南部沿海的规模技术进步表现较好。

第四阶段八大经济区的绿色发展重新到达一个高点，技术进步的贡献最大。绿色TFP增长全部为正，增长率超过2%的有四个：南部沿海（2.00%）、北部沿海（2.25%）、长江中游（2.49%）、大西南（2.65%）。南部沿海的技术进步最大（2.99%），其中规模技术进步贡献较大

（1.91%）；而东部沿海和北部沿海的绿色 TFP 增长中同样是技术进步贡献大，但是其中的纯技术变化的贡献更大，分别为 1.68%、2.33%，说明同属沿海地区，南部沿海产业结构升级的贡献更大，东部沿海、北部沿海的企业技术创新贡献更大。大西南、长江中游的绿色 TFP 的增长技术进步的增长率分别为 2.06%、1.76%，和北部沿海、东部沿海一样，这种增长主要源于纯技术变化的贡献。东北绿色发展实现由负到正（0.44%），与南部沿海类似，规模技术进步的贡献较大，代表了产业结构转型升级开始有所好转。大西北的进步源于规模技术进步（2.49%），这是八大经济区中最高的，产业绿色转型升级的努力开始开花结果。黄河中游的技术进步则源于纯技术变化，企业绿色生产效率在提高。

（4）八大经济区市场 TFP 分阶段分析。第一阶段的技术效率和技术进步增长率都为正，分别为 1.11%、0.40%，技术效率中规模技术效率的年均增长率要大于纯技术效率，这说明初期的规模经济性较高。南部沿海作为最先开放的经济区，吸引了全国大量的劳动力、资本等要素，规模效率较高。与之类似，东部沿海、北部沿海、东北的规模技术效率增长率都大于 2%，分别为 2.58%、2.94%、2.31%，这说明这些沿海地区的规模经济性要大于南部沿海，因为 20 世纪 80 年代是以广东为代表的南部沿海最先开放的，其起步早，已经获取了一定的规模性经济，所以到了 20 世纪 90 年代后其规模效率的增速要低于其他沿海地区。长江中游、黄河中游、大西南的规模技术效率要低于沿海地区，但是纯技术效率的增长率高于沿海地区，分别为 3.16%、3.89%、3.12%，东北为 4.03%。三个沿海经济区的纯技术效率很低，说明沿海作为率先开放的经济区，员工素质比其他经济区高一个层次，这一阶段的提高就没有内陆明显。这一阶段最突出的是东北，市场全要素生产率的增长率最高，为 2.86%。长江中游、大西南技术进步增长率较低，分别为−5.08%、−5.81%。总体来说，这一阶段的特征是技术效率的增长率大于技术进步，三个沿海经济区的规模技术效率较高，内陆的纯技术效率较高。大西南、长江中游的技术进步的增长率最低，分别为-5.81%、-5.08%，其次是黄河中游和大西北，技术进步的增长率分别为-4.15%、-3.34%。大西南、长江中游、黄河中游的纯技术进步和规模技术效率都差不多，大西北的规模技术效率增长率较高，为3.28%，纯技术效率变化只有-6.02%的增长率，这说明大西北的企业技术创新能力较低，而要素配置的结构优化带来的规模技术进步贡献较大。

第二阶段的特征基本是"全国山河一片红"，技术效率的贡献低于技术进步。八大经济区的市场TFP的增长率都为正。表现最好的是南部沿海经济区，年均增长率为3.22%，这说明中国加入世贸组织对外向型经济的促进作用较大。其次长江中游、大西南的年均增长率较高，分别为2.44%、2.83%，中西部的南方好于北方，长江中游、大西南作为南部沿海、东部沿海的配套产业区域和产业转移承接区域，发展要好于中西部的北方，如黄河中游、大西北。东北、黄河中游的市场TFP也较高，分别为2.14%、1.97%，这是因为其受益于西部大开发的政策和重化工业的发展，整个北方的重工业发展要优于轻工业。北部沿海（1.98%）的表现也好于东部沿海（1.73%）。大西北偏居一隅，远离沿海，年均增长率仅为1.30%。整体来看，技术进步的贡献开始超越技术效率，但是除三个沿海经济区外，其他五大经济区的技术效率的年均增长率都为负，纯技术效率变化增长率较低，说明企业的员工素质、管理效率、生产组织水平还较低，企业以追求生产规模为主，其规模技术效率相对较高。

第三阶段是金融危机期间，同时也是传统产业发展的最后一个黄金期。整体上来看，技术效率小于技术进步的贡献。这个时期，北方的四大经济区全部变为负增长，南方的四大经济区（东部沿海、南部沿海、长江中游、大西南）虽然也降低，但都为正，说明其抗冲击能力要好于北方。三个沿海经济区仅东部沿海一枝独秀，南部沿海、北部沿海的增长率降低到零附近。大西南和长江中游的技术进步贡献较大，这主要源于规模技术进步的贡献。大西北与东北、黄河中游的技术进步情况不太一样，前者的规模技术进步增长率为正，后者的纯技术变化为正，说明后者的企业技术创新能力好于前者（大西北），东北的技术进步较低，主要是因为规模技术进步的落后，说明其要素配置的结构改革严重滞后，不适应新经济的发展。大西南和黄河中游的技术效率较低（大西北的技术效率有所提高），这源于纯技术效率的滞后，企业员工素质、生产管理水平不仅没有提高，反而较低（可能是受金融危机冲击，企业产出较低所致）。

第四阶段八大经济区的技术进步增长率全部转为负，整体来看，技术进步的贡献大于技术效率。南部沿海下降最明显，增长率为-2.80%。东部沿海、北部沿海、长江中游的状况相对好些。东北、大西北、黄河中游、大西南受影响最大，都具有大于2%的负增长。南部沿海的技术进步的增长率为-2.02%，说明传统产业的转移对其影响较大，传统产业向中西部地区转移，而新经济的发展尚不足以弥补该空缺。大西北、黄河中游、东北的技术效率均较低，下降比较明显，说明受环境规制影响，传统产业的发展受到较大制约。大西北的规模技术效率增长率小于东北、黄河中游，说明大西北市场容量小，规模性经济获取较难。大西北的纯技术效率变化较大，可能是后发优势所致。东北、黄河中游纯技术效率增长率较低，受环境规制影响，企业不得不降低产业规模，表现为技术效率较低。大西北的人口稀少，裁员影响较低。长江中游和大西南的技术进步小于技术效率，说明产业转型升级同样遇到了阻力。

2.6 中国区域绿色发展的影响因素

2.6.1 数据说明

2.6.1.1 CO_2 排放量估算

中国统计机构并没有直接公布 CO_2 排放数据，CO_2 排放主要来源于两个生产生活过程：其一是化石能源燃烧排放 CO_2；其二是在水泥工业生产过程中，生料转化为熟料时排放 CO_2。由于分省份统计石油消耗量是在 2011 年后才开始的，因此本章借鉴陈诗一（2009）的研究，用原油数据替代石油数据，并借鉴他的方法计算出三种化石能源所对应的碳排放量。本章数据来源于历年《中国能源统计年鉴》。

2.6.1.2 其他变量说明

本章选取了人均实际 GDP（Pgdp）、研发强度（RD）、城市化水平（Urban）、出口（Exp），以及结构因素变量如资本—劳动比（ln（K/L））、工业增加值占 GDP 的份额（Ind）、国有及国有控股企业总产值与工业总产值的比重（GYHBZ）、折合为标准煤以后的煤炭消费量占能源消费量的比重（Coal）8 个解释变量（见表 2-7）。各变量选取的经济意义以及构建情况说明如下：

（1）人均实际 GDP（Pgdp）：以人均 GDP 作为收入指标，且对其一次项和二次项取对数形式。

（2）研发强度（RD）：以各省份的研发费用支出与 GDP 之比来衡量，各省份的研发经费支出数据都来源于历年《中国科技统计年鉴》。

表2-7　各变量的描述性统计

变量名	变量含义	样本量	平均值	标准误	最小值	最大值
GTFP	绿色全要素生产率	638	1.09	0.19	0.60	1.84
C	碳排放量	638	22081.96	18683.76	346.00	108947.00
CI	碳排放强度	638	5.72	4.61	0.96	34.25
Pgdp	人均收入	638	1.69	1.73	0.15	11.70
RD	研发支出/GDP	638	147.47	270.91	0.23	1801.23
Urban	城市化水平	638	0.35	0.17	0.13	0.91
Exp	出口总额/GDP	638	0.16	0.19	0.01	1.02
ln（K/L）	资本—劳动比对数	638	1.71	1.03	-1.01	3.99
Ind	工业增加值占 GDP 的份额	638	0.39	0.08	0.12	0.55
GYHBZ	国有及国有控股企业总产值与工业总产值的比重	638	0.47	0.22	0.09	1.39
Coal	煤炭消费量占能源消费量的比重	638	0.71	0.25	0.12	1.75
Human	人口增长率	638	0.01	0.02	-0.06	0.19

（3）城市化水平（Urban）：用非农人口比重（非农人口/总人口）来衡量，但 2015 年之后不再统计分省份的非农人口数，因此用 2014 年的增长率来推算出 2015 年的非农人口比重，数据来源于历年《中国人口和就业统计年鉴》。

（4）出口（Exp）：以各省份按经营单位所在地划分的出口总额与地区生产总值的比值来反映出口强度，地区出口额和地区生产总值以及人民币汇率数据都来源于历年《中国统计年鉴》。

（5）结构因素：以资本—劳动比的对数（ln（K/L））来表示禀赋结构，以工业增加值占 GDP 的份额（Ind）来表示产业结构，以国有及国有控股企业总产值与工业总产值的比重（GYHBZ）来表示所有制结构，以折合为标准煤以后的煤炭消费量占能源消费量的比重（Coal）来表示能源结构。

2.6.2 模型设定

2.6.2.1 静态模型设定

$$Y_{it} = \alpha_1 \ln y_{it} + \alpha_2 (\ln y_{it})^2 + \beta X_{it} + \delta_t + \phi_i + \varepsilon_{it} \tag{2-3}$$

其中，i 表示省份截面单元，i = 1，2，…，29；t 表示时间，t = 1994，1995，…，2015；Y 分别以 CO_2 排放量和碳排放强度来表示；y_{it} 表示各省份人均实际 GDP；δ_t 表示时间非观测效应；ϕ_i 表示地区非观测效应，反映了省际间持续存在的差异；ε_{it} 表示与事件和地区都无关的随机误差项；X 表示其他控制变量，包括研发强度、城市化水平、出口以及结构因素。

2.6.2.2 动态模型设定

任何经济因素变化本身均具有一定的惯性（杜立民，2010），CO_2 排放可能存在滞后效应，故本章引入动态模型滞后项。对动态面板模型的估计可以使用差分 GMM 和系统 GMM。

$$Y_{it} = \gamma Y_{i,t-1} + \alpha_1 \ln y_{it} + \alpha_2 (\ln y_{it})^2 + \beta X_{it} + \delta_t + \phi_i + \varepsilon_{it} \tag{2-4}$$

$$\Delta Y_{it} = \gamma \Delta Y_{it-1} + \alpha_1 \Delta \ln y_{it} + \alpha_2 \Delta (\ln y_{it})^2 + \beta \Delta X_{it} + \Delta \delta_t + \Delta \varepsilon_{it} \tag{2-5}$$

Arellano 和 Bond（1991）假设残差项的一阶差分 $\Delta \varepsilon_{it}$ 与解释变量的水平项（滞后二期及以上）都不相关，得到一阶差分的矩条件，并且该假设条件的满足需要差分方程（2-5）的残差项不存在二阶序列相关，这一点我们将在实证中给出相关检验。

在各计量模型中，区分内生变量和外生变量是实证分析的关键。人均收入水平与绿色全要素生产率、CO_2 排放量和碳排放强度之间可能存在双向因果关系，即人均收入属于内生变量，因此本章借鉴大多数学者（李锴和齐绍洲，2011）的方法，采用 Arellano 和 Bover（1995）提供的差分 GMM 和系统 GMM 对模型 1 进行估计，用解释变量的滞后期作为工具变量来解决模型中存在的内生性问题，结果如表 2-8 所示。

表 2-8 因变量为 CO_2 排放量自然对数（lnC）的回归结果

变量	模型 1 FE	模型 2 Diff-GMM	模型 3 Sys-GMM
lny	1.2747*** (0.000)	0.5406*** (0.002)	0.2286** (0.037)
(lny)^2	-0.0756*** (0.000)	-0.0599*** (0.001)	-0.0295* (0.076)
RD	2.4599 (0.198)	4.3721 (0.167)	1.4272 (0.587)
Urban	1.1795*** (0.000)	0.9028 (0.193)	0.1953 (0.787)
Exp	-0.1049 (0.299)	-0.0837 (0.629)	0.1344 (0.357)
ln（K/L）	-0.4264*** (0.000)	-0.4251*** (0.001)	-0.0847 (0.295)
Ind	1.0724*** (0.000)	0.9559*** (0.005)	0.4586 (0.134)
GYHBZ	-0.2266*** (0.000)	-0.0528** (0.016)	0.0766*** (0.003)
Coal	1.2062*** (0.000)	0.8908*** (0.000)	0.3620*** (0.000)
Human	0.1560 (0.754)	0.3609 (0.523)	-1.0645 (0.165)
lnt	-35.5968 (0.139)	60.7932 (0.232)	0.2002*** (0.001)
L.lnC		0.4333*** (0.000)	0.8020*** (0.000)
常数项	279.315 (0.127)		
AR (1) 检验		-2.68 (0.007)	-2.56 (0.011)

变量	模型 1	模型 2	模型 3
	FE	Diff-GMM	Sys-GMM
AR（2）检验		-0.86 (0.389)	-0.93 (0.351)
Sargan 检验			
Hansen 检验		26.03 (1.000)	26.59 (1.000)
F 值	206.69 (0.000)		
Within R^2	0.9183		
样本	638	580	609

注：＊、＊＊、＊＊＊分别表示在 10%、5% 和 1% 水平上显著。

2.6.2.3 回归结果分析

表 2-8 是因变量为 CO_2 排放量自然对数时的回归结果。模型 2 用固定效应模型估计了静态回归方程（2-3）。随机效应模型要求外生变量和个体效应不相关，而固定效应模型没有这一要求。我们通过 Hausman 检验在这两种估计方法之间进行选择，结果都显示固定效应更优一些。

本章使用静态和动态面板两种模型设置，静态面板中的固定效应模型是除去组内均值的回归，不论是差分还是系统 GMM，动态面板模型都包含有对一阶差分模型的估计，因此，这些估计方法都可以消除个体非观测效应。随时间推移而变化的因素，例如，能源价格变化，这些时间非观测效应对各省份的影响是类似的，作用大小会略有差别，可以通过加入时间虚拟变量来捕捉这种变化的影响。但就本章而言，不管是固定效应模型，还是 GMM 模型，加入 21 个虚拟变量后，耗费了更多的自由度，使模型中待估计参数的方差增大。因此，本章借鉴李锴和齐绍洲（2011）的方法，加入时间趋势变量（lnt），以控制政策、技术等对所有省份碳排放的共同影响。

从模型 2 的结果可以看出，人均 GDP 的一次项、二次项的系数在统计上显著，并且二次项的系数为负，这说明人均 GDP 和 CO_2 排放量呈显著的倒"U"形关系，环境库兹涅茨假说成立。人均收入的提高代表省域生产率水平的提高，有利于省域的绿色减排，但在上升到一定程度后作用就不大了，甚至具有副作用，这说明过度消费刺激了碳排放的增加。

城市化水平（Urban）和 CO_2 排放量呈显著正相关关系，这说明中国的城市化建设对环境的影响是负面的，正面效应的影响要小于负面效应的影响。从结构因素变量的回归结果来看，其都在 1% 水平上有显著影响，资本—劳动比与 CO_2 排放量具有显著的负相关关系，在工业化的重化工阶段可能会引起碳排放的增加，例如本书研究的第二阶段，随着对治污设备和技术投资的增加，碳排放又会降低，这种资本密集型企业的技术进步抵消了其碳排放的负面影响。所有制结构与 CO_2 排放具有显著的负相关关系。国有企业对于投资收益的敏感度不如民企，其在环保方面的投资力度可能更大，因为银行支持的力度也大。国企的非市场化行为会干扰其技术创新的连续性。当然，所有制结构对碳排放的影响依赖于各方面的综合影响，不如预期（彭海珍和任荣明，2004）。本书用国有化程度表示的所有制结构对碳排放量下降有显著作用的结论不同于一些相关的研究（Wang & Wheeler，2000），本书的研究周期包括最近十几年，尤其是环保力度加大的时期。产业结构和煤炭消费比重对中国 CO_2 排放的影响很大，而且系数显著为正，表明前后两年间产业结构和煤炭消费比重每提高 1%，省域碳排放增长率（产出的对数取差分表示增长率）将会分别提高 1.07%、1.2%，这些结果都符合经济理论的预期，工业是碳排放的主要来源，尤其是煤炭的燃烧。但是，研发强度和出口对于碳排放没有显著的影响，说明我们对低碳技术的投入不够，没有给予足够的重视，国外需求方对于出口产品是否低碳并不重视。

由于变量之间的内生性，估计结果可以是有偏的和不一致的。模型 2 和模型 3 预测了动态模型 3 的结果，进一步将 CO_2 排放量的一阶滞后项纳入分析中。滞后项系数体现了上期 CO_2 排放量对本期 CO_2 排放量的影响。滞后期的内生变量与当期值有较强的相关性，通过当期值对碳排放产生影响，当期的碳排放对上一期的内生变量则没有影响。从模型 2、模型 3 的估计结果来看，其变量的估计系数与显著度与模型 1 相似，人均 GDP 和 CO_2 排放量呈显著的倒"U"形关系，环境库兹涅茨假说仍然成立，但城市化水平对碳排放量的影响不显著。

我们将回归方程的因变量换成单位 GDP 和 CO_2 排放量即碳强度，并对此进行了回归，回归结果如表 2-9 所示。一方面，从模型 1 的结果来看，人均 GDP 的一次项与碳强度呈正相关关系，人均 GDP 的二次项与碳强度之间呈负相关关系，因此人均 GDP 与碳强度的相关关系呈倒"U"形，城市化变量也显著为正，这和 CO_2 排放量的估计结果相同。另一方面，静态模型和动态模型的估计结果表明结构因素对碳强度有显著的影响，煤炭消费比重是影响碳强度的主要因素，这反映了中国以煤为主要能源的基本国情，同时也反映了中国能源加工转换和利用效率的低下。研发强度对碳排放强度的影响不显著，这说明各省份的研发并没有提高其节能减排质量。

表 2-9   因变量为碳强度自然对数（lnCI）的回归结果

变量	模型 1	模型 2	模型 3
	FE	Diff-GMM	Sys-GMM
lny	0.2776 **	-0.2006	-0.1787 *
	(0.031)	(0.515)	(0.062)
$(lny)^2$	-0.0757 ***	-0.0424 ***	-0.0249 *
	(0.000)	(0.000)	(0.084)
RD	2.4766	9.9939 ***	2.0542
	(0.195)	(0.003)	(0.549)
Urban	1.1817 ***	0.1996	0.4962
	(0.000)	(0.738)	(0.469)

续表

变量	模型1 FE	模型2 Diff-GMM	模型3 Sys-GMM
Exp	-0.1067 (0.290)	0.0315 (0.882)	-0.0243 (0.887)
ln（K/L）	-0.4268*** (0.000)	-0.2834*** (0.001)	0.1082 (0.118)
Ind	1.0711*** (0.000)	0.7895** (0.022)	0.0805 (0.687)
GYHBZ	-0.2267*** (0.000)	0.0096 (0.651)	0.0879*** (0.000)
Coal	1.2071*** (0.000)	0.6816*** (0.000)	0.2764* (0.056)
Human	0.1342 (0.788)	0.2961 (0.586)	-0.1646 (0.751)
lnt	-36.0507 (0.134)	77.7575 (0.362)	-0.0629* (0.099)
L.lnCI		0.5887*** (0.000)	0.8884*** (0.000)
常数项	274.75 (0.133)		
AR（1）检验		-2.70 (0.007)	-2.60 (0.009)
AR（2）检验		-0.77 (0.440)	-0.83 (0.406)
Sargan 检验			
Hansen 检验		26.53 (1.000)	23.97 (1.000)
F 值	78.81 (0.000)		
Within R²	0.7759		
样本	638	580	609

注：*、**、***分别表示在10%、5%和1%水平上显著。

2.7 结论及政策含义

第一，我们采用DDF-GML方法研究对比不同阶段我国绿色全要素生产率与市场全要素生产率的情况。1994~2007年绿色全要素生产率的年均增长率为0.54%，小于市场全要素生产率1.10%的增长率。2008~2015年绿色全要素生产率的增长率上升到1.06%，市场全要素生产率平均增长率小于零，年均下降0.81%，说明前期绿色发展的速度不如传统市场的发展速度；而后期绿色发展效率呈上升趋势，市场发展效率呈下降趋势。上述数据表明，近几年的绿色环保治理发挥了积极作用，同时也表明传统企业发展处于谷底。

第二，"U"形曲线与倒"U"形曲线对比鲜明。按照我们四阶段的分法，1994~2015年的四个阶段中，中国低碳经济即绿色全要素生产率的发展大致呈"U"形，而市场全要素生产率经历了先高后低的倒"U"形曲线发展。市场全要素生产率的倒"U"形曲线与绿色全要素生产率的"U"形曲线相反，出现背离现象，说明传统经济的生产率增长处于持续下降之中。

这22年间的东部、中部、西部的绿色全要素生产率的年均增长率分别为0.94%、0.73%、0.35%，而市场全要素生产率则分别为0.77%、0.29%、-0.19%。说明环境规制的实施是成功的，但东部、中部、西部的差距在拉大，西部出现恶化迹象。这期间，东部、中部、西部技术效率的作用大于技术进步，年均增长率分别为1.26%、1.02%、0.52%，而技术进步年均增长率分别为-0.26%、-0.52%、-0.54%，呈下降趋势。这说明技术效率的作用大于技术进步，企业在技术创新方面发挥的作用尚显不足。

第三，我们发现南北方的差距可能大于东中西的差距，2008年全球金融危机以后，除东北经济区外，其他经济区的绿色 TFP 的年均增长率都为正，同处中部的长江中游（2.11%）好于黄河中游（0.31%），同处西部的大西南（1.54%）好于大西北（0.31%），大西南与东部沿海（1.65%）、北部沿海（1.44%）、南部沿海（1.04%）的差距反而没有那么大。

总结 2008~2015 年八大经济区绿色 TFP 的分项指标情况，技术进步的贡献要大于技术效率。技术进步的年均增长率都为正，就技术效率而言则有正有负。大西南的表现优于黄河中游、大西北，大西南的技术效率比沿海地区还要高，这说明大西南绿色经济发展的效果是显著的；大西南的技术进步在绿色 TFP 和市场 TFP 分别有 0.78%、0.71% 的年均增长率，表现不错。长江中游的绿色 TFP 的年均增长率在八大经济区中最高，主要是因为其技术进步（TC）、规模技术进步（STC）的增长率明显高于沿海地区，说明其产业结构调整、劳动力重新配置的效果比较明显。

第四，从降低碳排放的角度重点分析了一系列影响因素。研究发现，人均 GDP 和 CO_2 排放量呈显著倒"U"形关系，环境库兹涅茨假说成立。①人均收入的增长先是加大了碳排放，但在上升到一定程度后反而有利于碳排放的减少。②城市化水平、产业结构和煤炭消费比重对中国碳排放的影响很大，估计系数显著为正，表明城市化水平、产业结构和煤炭消费比重每提高 1%，省域碳排放增长率将会分别提高 1.18%、1.07%、1.21%，三者是碳排放的主要来源。③资本—劳动比、所有制结构与碳排放量呈显著的负相关关系，这说明对于治污设备和技术的持续投资抵消了其碳排放的负面影响，国有企业因为对成本收益的敏感度不如民企，反而更有可能加大对环保的投资，促进节能减排。④研发强度和出口对于碳排放没有显著的影响，说明在研发投入中低碳技术的投入比重是不够的。

3　中国绿色发展的外溢效应：
"绿色一带一路"共建

3.1　引言

　　共建"绿色一带一路"是以"绿色产能合作"来改变国际经济中"中心—外围"体系的不平等性。普雷维什最早提出"中心—外围"体系：世界经济被分成了"大的工业中心"和为其生产粮食和原材料的"外围"不对等的两个部分。后来发展中国家经济学家阿明（1990）发展出"依附理论"，"中心"国家基于利润最大化目的对"外围"地区进行不对称的统治，后者应实行"脱钩"战略，坚持发展策略与本国国情相结合。法国学者皮凯蒂（2014）指出20世纪70年代以来世界各国普遍存在贫富差距扩大的趋势。可见，国际不平等问题已成为当今全球化所面临的最大挑战之一。美国逆全球化的兴起也与下层社会阶层的状况恶化有关，新冠肺炎疫情危机下世界经济下滑，贸易保护主义有加剧之势，其目的是要继续维持其主导的"中心—外围"

国际体系，担心中国与"一带一路"沿线国家的合作会瓦解这一不平等体系。

3.1.1 问题提出

中国工业和科技革命的初步成功，打破了旧的世界均衡，大大降低了西方垄断的许多工业品的价格，这有利于广大发展中国家的发展，但却降低了"中心"国家的垄断利润，西方国家对中国的战略认知开始转变。在当前全球经济危机加剧、逆全球化暗流涌动的形势下，全球性治理中的"信任赤字、治理赤字、和平赤字、发展赤字"进一步扩大。

"一带一路"提供了共同发展的平台，已成为当今世界共同发展的名片，共建"绿色一带一路"是中国智慧的最新体现。新冠肺炎疫情防控期间进一步凸显出"一带一路"长期建设的巨大价值，"中欧班列"成为生命线，向沿线国家输送了大量的抗疫物资和产业零部件。新形势下，围绕"共建绿色一带一路"这一核心，打破"中心—边缘"的不平等国际旧秩序，倡导共商共建共享的新秩序。中国"一带一路"倡议可缓解全球化过程中发达国家与发展中国家之间的不平等（马艳等，2020），中国和中东欧国家组成的贸易互补关系板块发挥了重要作用。中东欧是中国联合西欧的桥梁，以此成功推动了意大利、瑞士、卢森堡等欧盟发达国家加入"一带一路"。中国作为全球第二大市场、世界最大的货物贸易国，通过连续两届全球最大规模的国际进口博览会，为持续低迷的全球经济注入巨大动能。中国针对沿线国家的进口和直接投资，成为共建"绿色一带一路"的重要手段。

以共建"绿色一带一路"为目标，有必要从理论上研究中国进口、中国直接投资对沿线国家绿色发展的影响。此外，中国对外投资也需要根据当地产业优势，选择"一带一路"沿线合适的投资对象国，以便通过有效的产业跨国布局，提升产业链效率、促进东道国绿色共赢发展，因此，进行海外投资时如何恰当地选择沿线国家、产业类型，对于中国政府和企业海外投资战略的制定和决策的科学化至关重要。

3.1.2　文献综述

通过"一带一路"产能合作，共建"绿色一带一路"，可有效消除某些国际噪声。针对这些非议与指责，中国学者也给予了相应的回应，有学者从国际贸易视角出发，指出中国与"一带一路"沿线国家的贸易互补性大于竞争性（王恕立和吴楚豪，2018）；有学者从"一带一路"对沿线国家经济具有促进作用的视角出发，认为中国"一带一路"倡议有助于应对全球经济发展的持续低迷和实现各国经济的共同发展与繁荣（陈虹和杨成玉，2015；周文和赵方，2017）。中国"一带一路"实践有助于提升沿线各国的基础设施水平，促进经济增长（李建军和李俊成，2018）；也有学者从价值链、技术溢出等视角出发，认为中国"一带一路"倡议有助于技术溢出效应的增强，实现各国价值链的优化和升级（王恕立和吴楚豪，2018）。要消除一些无端的指责，主要是看中国与沿线国家的产能合作是否促进了当地的绿色发展。中国通过进口拉动了沿线国家的需求和产能，促进了东道国产业效率的提升，实现了"绿色一带一路"的共建。

针对国际投资对东道国的环境影响，具有"污染天堂"与"绿色港湾"两种观点，前者认为国际竞争会诱发东道国降低环境标准的"竞次效应"从而恶化东道国环境质量（Baek，2016）；后者则认为外企环境治理水平高，通过"外溢效应"能够提升东道国环境质量（Du et al.，2018）。建设"绿色一带一路"是"一带一路"倡议的应有之义。从中国建材等诸多海外成功开拓者的经验来看，"一带一路"产能合作一般采取新建项目的方式，采用最好的技术、装备，产品必须具备绿色环保、性价比高的特点，企业才有较高的效率和效益，而落后产能在海外没有竞争力。刘乃全和戴晋（2017）将中国投资和其他国家的投资进行对比研究，结果证明中国投资推动了"一带一路"沿线国家环境的改善，而其他国家的投资整体上产生了"污染天堂"效应。中国直接投资对"一带一路"沿线国家基础设施改善的贡献率约为12%（黄亮雄等，2018），促进了东道国经济发展。

那么，东道国企业能否从中国投资的产业转移中获得正向溢出以促进自身的绿色发展呢？研究发现，外商直接投资对东道国当地经济促进的正向溢出与地理距离、国内企业吸收能力（Kokko et al.，1996）、产业特征（Keller & Yeaple，2009）、公司规模（Aitke & Harrison，1999）、制度环境（Rojec & Knell，2018）等密切相关。不少学者基于全要素生产率（TFP）的视角研究了外商直接投资的技术溢出对东道国本土企业的影响（Javorcik & Spatareanu，2008，2009；Keller & Yeaple，2009；Orlic et al.，2018；杜龙政和林伟芬，2018），但未考虑环保因素，而不考虑环保因素会带来测度误差（Feng & Serletis，2014）。本章通过绿色全要素生产率（GTFP）来衡量各国的绿色发展水平，以研究中国产业转移对"一带一路"沿线东道国绿色发展的溢出效应。齐绍洲和徐佳（2018）研究了沿线国家进口、出口的绿色技术溢出效应，但未研究中国进口对东道国的影响，且未涉及国际经济交往的最高级阶段——外商直接投资的溢出渠道。因此，本章关注的焦点是中国进口和直接投资对"一带一路"沿线国家绿色发展的影响，这对于加快绿色"一带一路"的共建意义重大。

本章对已有研究的拓展和贡献主要有以下两点：①中国直接投资对东道国产生管理效率溢出、生产效率溢出和技术效率溢出，从而促进东道国绿色发展水平的提升；中国对沿线国家进口与中国直接投资共同作用，能促进东道国绿色发展，有利于共建"绿色一带一路"。②将已有研究中的外商直接投资溢出的多种差异性提炼为沿线国家吸收能力，将其作为门槛变量以分析中国对外直接投资对东道国绿色发展的溢出效应。外资溢出大小的差异源于各种异质性，Gorodnichenko 等（2014）认为，外资溢出强度因产业特征、技术差距以及其他公司和国家的具体特征而变化。Damijan 等（2013）关注到了各种来源的异质性（吸收能力、规模、生产率和技术水平等）对外商直接投资溢出的影响。按照门槛效应不同，将中国对外直接投资的"一带一路"沿线对象国分为两类——"先进技术层次"经济体和"适用技术层次"国家，前者属于较发达经济体，后者多为新兴经济体、转轨国家或其他发展中国家。不同经济体类型的发展阶段、技术特征、优势产业不同，吸收能力自然不同，所获横向溢出、纵向溢出也就不同，对此，中国企业对外投资时应采取差异化海外投资策略。

3.2 中国对"一带一路"沿线国家直接投资的效率溢出机制与路径

已有研究表明，外商直接投资会通过自愿或非自愿的显性及隐性知识转移到当地企业（知识溢出），对欠发达经济体的发展做出重要贡献（Bekes et al.，2009），外商直接投资虽然一定程度上会在产业内替代国内投资，但在产业间又会起到补充作用（Kugler，2006）。外商直接投资对东道国经济的影响不再局限于产业内溢出效应，对上游企业的后向溢出及对下游企业的前向溢出逐渐凸显（Görg et al.，2009；Antràs & Chor，2013）。随着全球产业分工的日益发展，中国公司加大了对产业链上下游企业的纵向投资，以强化产业链的自主性（杜龙政等，2010）。中国企业对"一带一路"沿线国家的投资，同样可以将工业化的经验传播到当地。

3.2.1 中国企业对沿线国家直接投资的效率溢出机制

（1）横向溢出。知识溢出可以发生在横向（产业内）和纵向（产业间）

两个层面 （Rojec & Knell，2018）。横向溢出通过人才流动、竞争和示范等方式产生外溢，体现为示范效应 （Aitken & Harrison，1999）、竞争效应 （Blalock & Gertler，2008；Tomohara & Takii，2011）、人员流动效应 （Ronde，2001；Dasgupta，2012）。中国对 “一带一路” 沿线国家直接投资的技术溢出路径如图 3-4 所示，中国母公司通过中国企业海外子公司，对东道国同行及上下游企业产生技术溢出，提升东道国同行企业技术水平，拉动产业链技术水平的提升，最终推动东道国的绿色发展。中国对 “一带一路” 沿线国家直接投资的横向外溢效应 （示范、竞争、人才流动等效应） 表现如下：①中国公司的良好技术和管理将对东道国企业产生示范作用；②中国的当地化生产使东道国同行企业产生竞争压力，迫使其加快技术创新步伐来提高生产率；③中国当地公司的研发、培训等活动提高了东道国人力资本水平，人才流动时将产生溢出效应。中国企业可以发挥自身技术、管理、生产方面的综合优势，直接输出管理或技术，而不仅仅是重资产投资，如华为、海尔、中国建材在 “一带一路” 沿线国家建设的实验室，为当地企业建立标准，直接在当地产生技术溢出，通过外包，既培养了当地的管理队伍，又获得管理费用的收入。

（2）纵向溢出。纵向溢出包括前向溢出 （对当地下游客户溢出） 和后向溢出 （制造业外企对上游供应商溢出） （Javorcik et al.，2018），前向溢出推动客户创新，后向溢出拉动本土供应商创新。例如，智利生产性服务产业资金的流入对当地制造企业全要素生产率增长的贡献率为 7% （Fernandes & Paunov，2012）；捷克服务业资金的进入促进了下游制造业的发展 （Arnold et al.，2011），这些属于前向溢出。中国企业对欧洲港口、交通、信息等基础设施的投资对下游客户效率的提升发挥了积极作用。各个国家对后向溢出的认可度一般更高，即制造业外资进入对东道国上游供应商的溢出 （Blalock & Gertler，2008；Damijan et al.，2013）。

Gorodnichenko 等 （2014） 研究了 17 个转型国家后发现，后向溢出对本土企业的影响是积极的。Rojec 和 Knell（2018）的研究也发现五个欧洲转型国家制造企业得益于上游知识密集型服务业外企的前向溢出、下游制造业外企的后向溢出，工人流动和竞争加剧则是横向溢出的主要渠道。Damijan 等（2013）研究了 10 个转轨国家（8 个欧盟新成员及克罗地亚、乌克兰）的外商直接投资溢出，在对企业异质性的各种来源进行控制后，发现转轨国家企业吸收能力、规模、生产率和技术水平等方面的异质性会影响外商直接投资溢出的效果，且横向溢出变得越来越重要。

（3）三种效率溢出。如图 3-1 所示，中国企业投资东道国子公司对当地企业产生三种效率溢出。

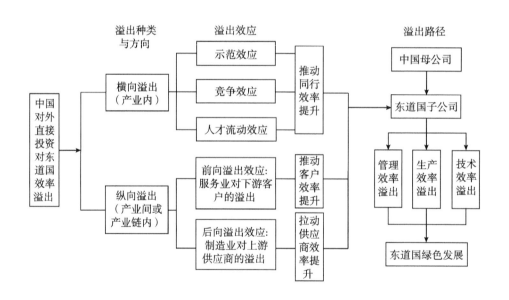

图 3-1　中国对沿线国家直接投资的效率溢出机制、路径

第一，管理效率溢出。越南的"中国干部"这一群体是中国企业在沿线国家投资的管理效率溢出的典型代表。施展（2020）认为，在越南存在"中国干部"群体，把工厂从中国迁到越南的国企、民企、外企，其中高层管理

人员基本上来自中国，这些管理者具有中国成熟的企业管理经验，保证了沿线国家中国子公司的良好管理，同时对东道国的本土企业产生了管理效率溢出。

第二，生产效率溢出主要来自中国企业成熟的供应链管理能力。"中国干部"在跨国运营中掌握了大量隐性知识，跨国供应链将中国和海外资源、生产、销售连接起来。中国具有地理上连接的核心优势，其因自身庞大的市场成为亚欧大陆的制造中心，进而连接起非洲、大洋洲、美洲的市场，具有全球制造业枢纽的地位。中国企业的"一带一路"投资，也将中国企业的经验带到了东道国本土，"中国干部"群体是重要载体，中国企业的生产效率优势对本土企业产生了较多的溢出。

第三，技术效率溢出。中国拥有当今世界发展最快的市场，也是全球第二大消费市场。随着持续的市场创新，新技术层出不穷，例如，互联网商业技术、某些新基建方面的技术等，这些技术领先的企业在"一带一路"沿线国家的投资极大地促进了当地相应行业的发展。中国的建筑、水泥、电力等基础材料部门，水坝、桥梁、地铁、高铁、港口、重工等建设产业部门，也因为市场的持续快速发展而积累起了一定的技术优势。"一带一路"沿线国家基础设施落后，中国对沿线国家这些领域的投资以及在当地的技术创新和工艺改进活动产生了积极的技术效率溢出，激发了东道国企业的创新意愿，促进了当地的绿色发展。

3.2.2 "一带一路"产能合作打破"新殖民主义"的"中心—外围"不平等体系的机制

中国与"一带一路"沿线国家的共同项目是溢出的重要渠道。外企子公司寻找本地供应商的成本较低，更有可能从事本地采购，因而纵向溢出更高；跨国公司将适用技术转让给合资公司，这有助于本地公司获得横向溢出（Irsova & Havranek，2013）。在罗马尼亚（Javorcik & Spatareanu，2008）也发现了共同项目中的积极溢出。中国企业与"一带一路"沿线国家的企业存在两个层次的合作：一是与西方跨国公司的合作，二是与本土企业的合作，二者往往是融合的。"一带一路"沿线国家欢迎中国企业，是因为同样性能的设备、技术，中国的价格往往比西方低 1/4～1/3，而且中国企业有效率高的优势。第一种合作是向欧美日的公司购买一些关键技术和关键装备，这样竞争者变为了合作者，联合开发第三方市场。例如，中国建材在非洲与法国施奈德合作，在东南亚与日本三菱联合，减少了摩擦。"一带一路"沿线国家担心中资进入会挤占当地企业的机会，这就需要第二种合作——与当地企业合作。例如，中国建材在埃及建设世界最大的水泥厂，把基础建设交给埃及当地的 8 家公司，1.2 万名员工里中方只有 2000 人，这样可以充分利用当地人力成本低的优势，促进了当地经济的发展。这两种合作都可以获得技术溢出，中方会从第一种合作中获得技术溢出，沿线国家企业会从第二种合作中获得溢出，中国企业变为产业链整合者。

如图 3-2 所示，中国与"一带一路"沿线国家进行产能合作，可以通过中国进口和直接投资两大渠道共建"绿色一带一路"，以打破新殖民主义"中心—外围"的不平等国际经济体系。中国直接投资对沿线国家产生了"供给推动效应"，通过管理效率溢出、生产效率溢出和技术效率溢出，提升了当地的企业效率、产业链效率，实现了"供给效率提升"。而中国进口则对沿线国家产生了"需求拉动效应"，这主要通过两个方面来产生：一是为开发沿线国家资源，首先要解决当地基础设施不良的状况，需改善当地交通、水力、电力乃至港口等方面的基础设施，这是为了改善将原材料或相关产品运输出去的基础性环境条件，东道国基础环境的改善，将产生巨大的正外部性，当然也有利于增加当地人民的福祉。这些基础设施投资一般是由中国企业先投资，然后用东道国的原材料、相关产品出口来抵偿。二是中国进口对当地资源型产业的拉动，中国庞大的市场使东道国的资源获得了相应的市场价值，可以大大改善当地经济状况和民生。中国进口的"需求拉动效应"和中国直接投资的"供给推动效应"提高了沿线国家的绿色发展水平，加快了共建"绿色一带一路"的步伐，客观上瓦解了"二战"后西方主导的"新殖民主义"的"中心—外围"不平等国际经济体系。

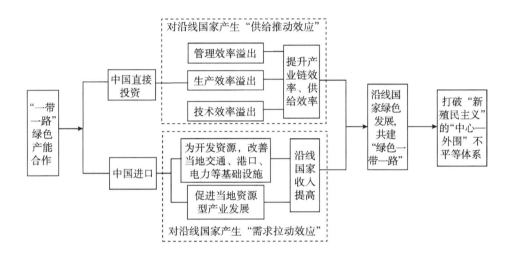

图 3-2　"一带一路"绿色产能合作 vs. "新殖民主义"的"中心—外围"不平等体系

不同于少数国家将中国视为"制度竞争者"的僵化思维，"一带一路"沿线的转型国家、新兴国家迫切需要中国进口、中国投资、中国工业化经验，以摆脱自身的经济困境。健康发展的中国市场是新冠肺炎疫情危机时代、变幻莫测的国际形势中相对稳定的"经济锚"。中国具备了"庞大的统一市场、完善的供应链体系、互联互通的经验"三大"法宝"（杜龙政和林伟芬，2018），成为推动"一带一路"倡议的天然领导核心，可通过中国进口和直接投资，凝聚出极强的经济向心力，构建起辐射全球的产业体系。中国通过对沿线国家的进口和直接投资，一方面可以实现资源的跨国整合，在大开放中实现大发展，推动了"中国是世界的工厂"向"世界是中国的工厂"的转变。中国既要整合发达国家的高素质人力资源及专利优势，又要充分利用转型国家、新兴国家的成熟劳动力、消费市场以及丰富的自然资源。另一方面又可以将中国的发展成果惠及沿线国家，将工业化经验传播到沿线国家，推动沿线国家的工业化和绿色发展，即中国通过进口和直接投资实现产业链跨国延伸，通过管理效率溢出、生产效率溢出、技术效率溢出，推动东道国绿色发展，促进了"绿色一带一路"的形成。

3.3　研究假设

中国是"一带一路"倡议实施的主要载体，中国进口与对"一带一路"沿线国家的直接投资发挥协同作用，将重塑全球经济版图：通过中国市场开放的扩大、中国制造的供给侧结构性改革和海外投资布局，中国在全球产业链竞争中寻找新定位、发挥新优势，拉动"一带一路"沿线国家共同发展。中国对"一带一路"沿线国家的进口与直接投资，是国际经贸关系发展的两个阶段：第一阶段是进口贸易，此阶段是为了"一带一路"沿线国家的资源型或劳动密集型产品，以利用当地资源、劳动力丰富的优势。中国进口往往是将沿线国家纳入我们的产业链，进口原材料、中间产品等，对东道国的生产企业可能会有技术扶持、溢出。第二阶段是对沿线国家进行直接投资，这样可避免进口价格波动风险或出口关税问题。中国国际进口博览会这一全球最大规模、独一无二的进口贸易盛会以及对沿线国家的直接投资，将沿线国家纳入中国制造产业链中，通过技术溢出促进东道国绿色发展水平的提升。中国借助"一带一路"对沿线国家的战略型、资源型产业进行投资。

从进口贸易发展到直接对资源所在国进行投资，是产业链整合的需要。中国对进口来源国的投资，一是为了保证中国市场的需求。例如，初期"中欧班列"归程空载率高，通过对东欧的投资、加工特色产品，既解决了归程空载问题，又满足了中国的内需。"中欧班列"2018 年返程开行 2690 列，同比增长 111%，基本实现"去 4 回 3"。二是规避风险。中国对一国进口较多，就会面临价格波动风险、供货风险，而直接投资既可以通过投资收益对冲进口价格波动风险，又可以锁定原料供应渠道，降低供货风险。三是通过产业链垂直整合获得成本节约优势，压缩无效环节、提升效益。东道国企业在纳入中国企业主导的产业链后，可以推动其实现效率提升、创新水平提升。有中国内需市场的配合，可以稳定东道国的产品生产、销售，同时依靠环境治理的优势创造出"绿色港湾"效应，通过技术溢出促进东道国的绿色发展。基于以上分析，本章提出假设 1：

H1：中国对"一带一路"沿线国家的进口与直接投资相配合，可以促进东道国绿色发展。

学者们对发达国家、转型国家的外商直接投资技术外溢效应进行研究，发现了外商直接投资与东道国技术升级、全要素生产率增长之间具有积极影响的证据（Javorcik et al.，2018）。张序存认为中国可以开展对欧美地区的学习型、技术导向型投资和对沿线国家的战略型、资源合作型投资。"一带一路"沿线国家可以分为发达国家、发展中国家（包含新兴经济体或转型国家）两大类。①东道国为发达国家的情况。这些较老的发达国家受制于西方过度福利的不利影响以及市场的狭小，一些曾经发达的传统产业不再具有竞争优势。中国对德国港口的投资大大提升了其物流效率、管理效率，而且与中国市场的链接使其从面临破产的危机中走了出来。Hubert 和 Pain（2000）发现外商直接投资产生了重大的纵向、横向溢出，促进了英国制造业技术进步和劳动生产率提升。Ferragina 和 Mazzotta（2014）发现意大利制造业中的中、低技术产业存在横向、纵向溢出，而高技术产业难获横向溢出，却可以获得纵向溢出，本地高技术公司因与外企的垂直联系而获取了后向溢出。中国在大数据、智能支付、通信服务、物流服务、港口服务等领域的对外投资,对"一带一路"沿线国家的技术溢出贡献很大。意大利看到中国投资希腊比雷埃夫斯港有力地促进了当地经济发展,故加入了"一带一路"倡议,希望成为中国企业进入欧洲市场的桥头堡。②东道国为新兴经济体或转型国家的情况。Blalock 和 Gertler(2008)发现中国对印度尼西亚上游产业的投资产生了积极的前向溢出、横向溢出。Kugler(2006)发现哥伦比亚制造业的溢出主要发生在产业之间而非产业内,跨国公司与当地上游供应商的外包关系是扩散渠道。Gorodnichenko 等(2014)以 17 个转型国家为研究对象,认为后向联系对国内企业的生产力具有一贯的积极影响。中国对"一带一路"沿线国家投资的项目均为环境友好型项目,对东道国的绿色发展产生了积极溢出。基于以上分析,本章提出假设 2:

H2:中国对"一带一路"沿线国家的直接投资,对东道国产生积极溢出,进而促进东道国绿色发展。

一国获得跨国公司技术溢出的基础是自身的吸收能力。"一带一路"沿线国家的研发资本存量是其吸收能力的基础,研发投入越高,技术积累越好,对中国投资知识外溢的吸收能力就越强。不管是进口贸易还是外商直接投资,其均为国际经济交往中研发溢出的渠道,它们对于东道国的技术溢出,不仅与本国的研发资本存量有关,而且与东道国的研发资本存量有关(Coe & Helpman,1995),这是东道国吸收各种渠道的研发溢出的基础。Rojec 和 Knell(2018)指出外商直接投资纵向溢出和横向溢出的强度取决于国内企业的吸收能力,而吸收能力的基础就是人力资本和无形资产(主要是研发形成的技术积累),其对企业生产力、全要素生产率产生了积极影响。Damijan 等(2013)发现具有较高吸收能力的中、高生产率企业更易出现正的横向溢出,而负水平溢出则更可能影响中、低生产率企业。外商直接投资的溢出在很大程度上取决于当地企业的吸收能力和生产力水平。

Gorodnichenko 等（2014）发现外资溢出的强度与当地企业与技术前沿的差距密切相关，差距越小，吸收能力越强，所获外资溢出越多。Javorcik 和 Spatareanu（2009）发现捷克生产率越高的企业吸收能力越强，供应商从与跨国公司的关系中学习、获得的技术溢出越多。持续的研发投入是公司缩小技术差距、提升技术能力的关键。

在最新的研究中，外商直接投资溢出的方向和强度取决于东道国国内企业的吸收能力，这与以下四个因素相关：①生产率、规模。Bekes 等（2009）对匈牙利企业的实证研究表明，规模大、生产率高的企业更有能力从跨国公司获得溢出。Javorcik 和 Spatareanu（2009）在捷克发现了高生产率供应商从与跨国公司的关系中学习、获得溢出的证据。②研发投入。Nicolini 和 Resmini（2010）对转型国家进行研究后发现，当本土企业更具生产力、研发投入较高时，更有助于吸纳外企溢出。③技术差距。Gorodnichenko 等（2014）发现溢出效应的强度如何因公司与技术前沿的距离而变化。Ferragina 和 Mazzotta（2014）利用 2002~2010 年 4000 多家意大利制造企业的数据进行研究，发现意大利制造业技术差距较小的本土竞争对手和下游客户因外企的进入而提高了生存概率，获得明显溢出。④环境与制度。运作良好的市场和未扭曲的贸易投资体制有利于外资溢出（Rojec & Knell，2018），东道国制度环境（如腐败、繁文缛节、发展水平）会影响溢出强度（Ferragina & Mazzotta，2014）。

总结来看，吸收能力是一种综合表现，除环境、制度因素外，其他三类因素均为吸收能力的直接或间接体现：规模、生产率反映的是工艺技术的水平，研发投入（含研发人力投入）可反映产品技术的水平，技术差距则是东道国企业与跨国公司之间技术落差的一种综合表现。因此，吸收能力可以作为东道国企业获取技术溢出的异质性因素的关键变量，以"东道国研发投入除以就业人数"来衡量，此处没有除以 GDP 或总人口，而是除以就业人口，是为了准确反映实际从业人员所获研发投入。研发投入本身包含了工艺技术、产品技术两方面的投入，前者表现为生产技术改造资金，后者表现为新产品研发投入，故以研发强度作为东道国企业吸收能力的关键门槛变量是合适的，以衡量中国直接投资对"一带一路"沿线东道国企业技术溢出效应的级差变化。基于以上分析，本章提出假设3和假设4：

H3：中国对"一带一路"沿线国家直接投资的溢出效果，基于吸收能力的门槛效应而不同，对于不同吸收能力东道国绿色发展的推动作用也表现出差异性。

H4：中国对"一带一路"沿线国家直接投资在东道国吸收能力的配合下，可以为当地绿色发展发挥积极作用。

3.4 模型构建和数据说明

3.4.1 "一带一路"沿线国家绿色全要素生产率的测算

Chung 等（1997）将污染排放看作非期望产出，以测算绿色全要素生产率（GTFP）。本章采用 Oh（2010）提出的 Global Malmquist–Luenberger（GML）生产率指数方法。本章将对"一带一路"沿线国家的绿色全要素生产效率进行测度，构建包含非期望产出的排放效率模型。在 DEA 框架下考虑非期望产出，运用可变规模收益（VRS）假设下的松弛变量函数（SBM），并结合 GML方法来测度样本国家的绿色全要素生产率（GTFP），以衡量中国直接投资对样本国绿色发展的促进作用。

本章采用样本国各年度的就业人数、资本存量和能源消费总量来衡量劳动投入、资本投入和能源投入。本章的期望产出为各样本国家以 2010 年不变价表示的国民生产总值；非期望产出用样本国家各年度的二氧化碳排放量来表示。传统 TFP 并不考虑能源类投入，但在 GTFP 测算中，将能源投入作为非期望产出的主要来源纳入测算框架。因 GML 生产率指数反映的是第 t-1 期到第 t 期的 TFP 增长率。我们设定基期 2003 年的 GTFP 为 1，然后依次与各年度的 GTFP 增长率指数（即 MI 值）相乘，以得到 2004~2014 年的 GTFP。2003~2014 年 "一带一路" 沿线国家绿色全要素生产率指数均值如表 3-1 所示。其中资本存量数据来自佩恩表 9.0（Penn World Table version 9.0），其余变量数据来自世界银行发展指标数据库（WDI）。

表 3-1　2003~2014 年 "一带一路" 沿线国家绿色全要素生产率指数均值

国家	MI 指数均值	国家	MI 指数均值	国家	MI 指数均值
印度	1.147	捷克	1.017	埃及	0.983
沙特阿拉伯	1.094	菲律宾	1.013	科威特	0.980
伊拉克	1.070	塞尔维亚	1.013	格鲁吉亚	0.977
阿塞拜疆	1.067	希腊	1.003	卡塔尔	0.977
拉脱维亚	1.067	土耳其	1.001	约旦	0.975
俄罗斯	1.057	匈牙利	0.999	巴林	0.973
白俄罗斯	1.043	马来西亚	0.998	保加利亚	0.963
乌克兰	1.035	罗马尼亚	0.998	吉尔吉斯斯坦	0.956
乌兹别克斯坦	1.034	克罗地亚	0.997	文莱	0.955
斯里兰卡	1.029	印度尼西亚	0.996	阿联酋	0.955
哈萨克斯坦	1.028	泰国	0.995	塔吉克斯坦	0.939
波兰	1.026	伊朗	0.993	爱沙尼亚	0.934
立陶宛	1.021	巴基斯坦	0.991	阿曼	0.908
斯洛文尼亚	1.020	越南	0.988		
斯洛伐克	1.018	亚美尼亚	0.986		

均值：1.005

注：绿色全要素生产率指数由 MaxDEA7.0 计算得出，初始数据来源于 2003~2014 年 World Bank 数据库和佩恩表 9.0。

3.4.2 模型的设定

Coe 和 Helpman（1995）最早提出国际研发溢出模型，并实证考察了进口渠道传导的国际研发资本技术外溢：

$$\ln TFP_{it} = C + \alpha \ln SRD_{it}^d + \beta \ln SRD_{it}^f + \varepsilon_{it} \tag{3-1}$$

其中，i、t 分别表示国别和年份，TFP_{it} 表示 i 国在 t 年的全要素生产率，SRD_{it}^d 表示 i 国在 t 年的国内 R&D 存量，SRD_{it}^f 表示 i 国在 t 年通过贸易渠道获得的国外 R&D 存量，α、β 分别代表不同的弹性系数，C 为方程截距，ε_{it} 为随机扰动项。若 β>0 表明东道国通过贸易渠道获得了积极溢出，若 β<0 则表明对该国技术进步有阻碍作用。

在此基础上，Lichtenberg 和 Pottelsberghe（2001）加入 FDI 和 OFDI 两种国际研发资本外溢的渠道，简称 L-P 模型。SRD_{it}^{ofdi} 表示 i 国在 t 年通过中国直接投资获得的国际 R&D 资本存量，计算方法来自 L-P（2001）。

$$\ln TFP_{it} = C + \alpha \ln SRD_{it}^d + \beta \ln SRD_{it}^{ofdi} + \varepsilon_{it} \tag{3-2}$$

本章以这两个模型为基础，研究中国对"一带一路"沿线国家直接投资的技术溢出对东道国技术进步的贡献率。但线性模型被用于有非线性特征的研究对象时会产生估计偏差，本章借鉴 Hansen（1999）的方法，构建"一带一路"沿线国家绿色发展水平的门槛计量模型，以各国吸收能力为门槛变量，考察中国直接投资、产业转移的绿色发展水平的门槛效应。因此，在模型（3-2）基础上，加入控制变量 X_{it}，构建单门槛模型如下：

$$\ln GTFP_{it} = C + \alpha \ln SRD_{it}^d + \beta_1 \ln SRD_{it}^{ofdi} \times I(thr > \gamma) + \beta_2 \ln SRD_{it}^{ofdi} \times I(thr > \gamma) + \delta X_{it} + \varepsilon_{it}$$

$$\tag{3-3}$$

其中，γ 为未知门槛值，I（·）为指示函数，当相应条件取值 1 时成立，取值 0 时不成立。从实际的计量角度来看，可能会存在多个门槛，可在模型

（3-3）的基础上通过扩展单一门槛模型得到双门槛模型（3-4），多门槛模型可通过类似的方法进行扩展而得到。

$$\ln GTFP_{it} = C + \alpha \ln SRD_{it}^{d} + \beta_1 \ln SRD_{it}^{ofdi} \times I(thr > \gamma_1) + \beta_2 \ln SRD_{it}^{ofdi} \times I(\gamma_1 < thr \leq \gamma_2)$$

$$\beta_3 \ln SRD_{it}^{ofdi} \times I(thr > \gamma_2) + \delta X_{it} + \varepsilon_{it} \tag{3-4}$$

3.4.3 指标选择与数据来源

核心解释变量方面有：

（1）研发资本存量 SRD_{it}。"一带一路"沿线各国的研发存量用永续盘存法估计，公式为：

$$SRD_{it} = (1-\delta) SRD_{i,t-1} + RD_{it} \tag{3-5}$$

其中，i 表示"一带一路"沿线国家；t = 2003，2004，…，2014；SRD_{it} 表示"一带一路"沿线 i 国在 t 年的 R&D 资本存量；RD_{it} 表示 i 国在 t 年的 R&D 支出（2010 不变美元价），数据来源于世界银行发展指标数据库（WDI）；δ 为折旧率，沿用 Coe 和 Helpman（1995）所采用的 5% 的折旧率。在计算基年（2003 年）R&D 存量时，为了减少误差，本章从 2002 年的 R&D 存量开始计算。对于初始值 2002 年的研发资本存量，采用 Griliches（1980）提出的方法进行测算，公式为：

$$RD_{i,2002} = RD_{i,2002} / (g+\delta) \tag{3-6}$$

其中，$RD_{i,2002}$ 表示 i 国 2002 年的 R&D 实际支出（2010 年不变美元价），g 表示 2002~2014 年 R&D 支出的年算术平均增长率，δ 取值 5%。其余年份的 R&D 存量均用永续盘存法来计算，由此得到各省份 2003~2014 年的 R&D 资本存量。

根据 L-P 方法测算"一带一路"沿线国家的研发溢出，将渠道分为两种（中国对外直接投资和进口贸易）来研究中国对"一带一路"沿线国家所产生的溢出。

（2）中国对外直接投资溢出 SRD_{it}^{ofdi}。中国对"一带一路"沿线国家的对外投资是本章的核心解释变量，OFDI 为中国对"一带一路"沿线各国直接投资的存量规模。SRD_{it}^{ofdi} 为"一带一路"沿线国家通过中国 OFDI 获得的我国研发资本存量，借鉴 C-H（1995）的方法计算：

$$SRD_{it}^{ofdi} = \frac{OFDI_{it}}{K_t} SRD_t \tag{3-7}$$

其中，SRD_{it}^{ofdi} 表示中国研发资本存量在 t 时期通过中国对外直接投资渠道对东道国 i 的研发溢出项；$OFDI_{it}$ 表示中国 t 时期对"一带一路"沿线国家 i 的直接投资存量；K_t 表示 t 时期中国的固定资本形成总额，有些学者使用的是 GDP，这与 L-P 模型（2001）不符；SRD_t 表示 t 时期中国的国内研发资本存量，用永续盘存法进行计算，折旧率取 5%。中国对"一带一路"直接投资数据来源于历年《中国对外直接投资统计公报》，中国的固定资本形成总额和中国的研发投入数据来源于历年《中国统计年鉴》。

（3）进口溢出 SRD_{it}^{imp}。公式如下：

$$SRD_{it}^{imp} = \frac{im_{it}}{Y_t} SRD_t \tag{3-8}$$

其中，SRD_{it}^{imp} 表示在 t 时期内通过中国进口渠道对"一带一路"沿线 i 国溢出的研发资本存量；im_{it} 表示 t 时期中国从"一带一路"沿线 i 国进口的商品额；Y_t 表示 t 时期中国的实际 GDP（2010 不变美元价），数据来源于历年《中国统计年鉴》。

（4）绿色产能吸收能力（GTAC）。用"一带一路"沿线国家的研发总额除以就业人口表示，其中世界银行只公布了研发占 GDP 的比重，因此研发总额为研发占比与 GDP 的乘积。

本章的变量描述性统计如表 3-2 所示。

表3-2 变量描述性统计

变量	变量含义	样本量	均值	标准差	最小值	最大值
GTFP	绿色发展水平	516	1.033	0.385	0.289	4.432
SRD	研发资本存量（亿美元）	516	154.004	354.358	0.176	2445.167
TAC	吸收能力（万美元/人）	516	0.013	0.018	0.000	0.114
SRD^{imp}	中国对沿线国家进口技术溢出（亿美元）	516	4.434	9.795	8.56E−05	66.207
SRD^{ofdi}	中国对沿线国家OFDI技术溢出（亿美元）	516	0.757	2.187	1.64E−05	20.827
Fin	金融发展水平（万美元/人）	516	0.724	0.966	−0.214	5.618
Pgdp	人均GDP（万美元）	516	1.222	1.381	0.053	7.267
Poli	政法环境质量	516	0.560	0.222	0.000	1.000
Pop	人口增长率（‰）	516	0.014	0.026	−0.023	0.163
Urban	城市化水平（%）	516	0.613	0.186	0.182	1.000

3.5 实证分析

3.5.1 变量平稳性检验和方差膨胀因子分析

由于本章是基于2003~2014年的面板数据进行研究的，因此还需要对上文设定的相应变量做单位根测试，以检验其平稳性。检验发现，本章选取的面板数据均是平稳的（见表3-3）。

表3-3 面板单位根检验结果

变量/方法	LLC检验	IPS检验	ADF-Fisher检验	PP-Fisher检验	结果
$\Delta\ln$GTFP	−6.833*** (0.000)	−1.583* (0.057)	149.684*** (0.000)	178.155*** (0.000)	平稳

续表

变量/方法	LLC 检验	IPS 检验	ADF-Fisher 检验	PP-Fisher 检验	结果
$\Delta \ln SRD$	-3.751^{***} (0.001)	-4.432^{***} (0.000)	113.043^{**} (0.027)	209.225^{***} (0.000)	平稳
$\Delta \ln SRD^{imp}$	-4.746^{***} (0.000)	-1.473^{*} (0.070)	138.270^{***} (0.000)	164.933^{***} (0.000)	平稳
$\Delta \ln SRD^{ofdi}$	-9.2024^{***} (0.000)	-3.141^{***} (0.001)	83.432^{***} (0.000)	187.355^{***} (0.000)	平稳
ΔFin	-3.874^{***} (0.001)	-2.821^{***} (0.002)	138.725^{***} (0.000)	125.915^{***} (0.003)	平稳
$\Delta \ln Pgdp$	-5.527^{***} (0.000)	-2.081^{**} (0.019)	142.053^{***} (0.000)	192.642^{***} (0.000)	平稳
$\Delta Poli$	-1.777^{**} (0.038)	-59.409^{***} (0.000)	315.045^{***} (0.000)	163.861^{***} (0.000)	平稳
ΔPop	-16.786^{***} (0.000)	-10.324^{***} (0.000)	609.007^{***} (0.000)	265.020^{***} (0.000)	平稳
$\Delta Urban$	-2.943^{***} (0.002)	-7.323^{***} (0.000)	846.359^{***} (0.000)	607.092^{***} (0.000)	平稳

注：＊、＊＊、＊＊＊分别表示在10%、5%和1%水平上显著。

在做回归之前，本章还对各解释变量的方差膨胀因子 VIF 进行了检验。由表 3-4 可知，所有解释变量中最大的 VIF 值为 6.070，小于 10，不用担心变量间存在多重共线性问题。

表 3-4　各解释变量的方差膨胀因子 VIF

变量	lnPgdp	Urban	lnSRD^{imp}	Poli	Fin	lnSRD^{ofdi}	Pop	lnSRD^{d}	SRD^{imp}× SRD^{ofdi}	Mean VIF
VIF	6.070	3.160	3.010	2.930	2.670	2.480	1.760	1.700	1.230	2.780
1/VIF	0.165	0.317	0.332	0.342	0.374	0.404	0.570	0.589	0.812	0.434

3.5.2　门槛结果检验

GTFP 为被解释变量，对外直接投资技术溢出为门槛依赖变量。本章对

"一带一路"沿线 43 个国家的吸收能力是否存在门槛值、存在几个门槛值分别进行估计。本章借鉴 Hansen（1999）的自助法"bootstrap"，运用 Stata13.0 统计软件进行检验，结果如表 3-5 所示。

表 3-5　门槛效应检验结果

	F 值	P 值	临界值		
			10%	5%	1%
门槛 1	126.84***	0.000	42.408	51.670	65.435
门槛 2	46.19**	0.028	35.048	40.565	52.424

注：**、***分别表示在 5%和 1%水平上显著。

由表 3-5 可知，当 TAC 为门槛变量时可得到以下结论：F 统计量在两门槛的模型中，在 5%的水平上显著，即 P 值小于 0.05，因此模型中存在两个门槛值。表 3-6 给出了门槛值估计结果。

表 3-6　门槛值估计结果及置信区间

	估计值	95%置信区间
门槛 1	0.0003	[0.0003, 0.0003]
门槛 2	0.0296	[0.0285, 0.0296]

3.5.3　回归结果分析

本章运用固定效应、随机效应、差分 GMM、系统 GMM 和门槛回归等模型进行了回归分析。具体采用固定效应还是随机效应模型须通过 Hausman 检验来确定，由检验结果可知伴随概率为 0.000，因此二者之间应采用固定效应模型，故本章只报告固定效应结果。四种模型的回归系数总体上保持了稳定性、一致性，表明所研究的被解释变量与解释变量之间具有较高的解释可信度。

差分 GMM 和系统 GMM 实证检验可以规避动态面板模型中"被解释变量滞后项与解释变量东道国研发存量、中国对沿线国家研发溢出、人均 GDP 之间"因可能存在的内生性而导致组内估计量不一致的问题。差分 GMM 能够部分解决遗漏变量问题和消除反向因果关系(李锴和齐绍洲,2011),系统 GMM 可解决测量误差、非时变的遗漏变量和解释变量的内生性问题(Caselli et al.,1996;Babajide et al.,2012)。内生性问题要求使用适当的工具变量进行回归,本章以解释变量的高阶滞后项作为工具变量。为了证明动态面板 GMM 估计的有效性,需要进行扰动项自相关检验和过度识别检验,结果如表3-7所示。由表3-7可知,差分 GMM 和系统 GMM 的 AR(2)的 P 值均大于 0.1,Sargan检验 P 值均大于 0.1,说明在 5% 的显著性水平上所有工具变量都有效,表明GMM 估计是有效的。此处采用了 Hansen(1999)提出的面板门槛回归模型。

表 3-7　因变量为东道国绿色发展水平的回归结果

变量	(1)	(2)	(3)	(4)
	固定效应	差分 GMM	系统 GMM	门槛回归
$lnSRD^d$	0.037 (0.290)	0.054*** (0.000)	0.043*** (0.000)	0.054* (0.093)
$lnSRD^{imp}$	−0.039*** (0.000)	0.004* (0.052)	0.009*** (0.000)	−0.042*** (0.000)
$SRD^{imp} \times SRD^{ofdi}$	0.000*** (0.001)	0.000*** (0.001)	0.000*** (0.000)	0.000*** (0.000)
$lnPgdp$	0.984*** (0.000)	0.554*** (0.000)	0.366*** (0.000)	1.050*** (0.000)
Fin	−0.086*** (0.005)	−0.115*** (0.000)	−0.112*** (0.000)	−0.088*** (0.001)
Poli	−0.847*** (0.000)	−0.604*** (0.000)	−0.605*** (0.000)	−0.933*** (0.000)

续表

变量	（1）固定效应	（2）差分 GMM	（3）系统 GMM	（4）门槛回归
Pop	-1.208 * (0.066)	0.301 (0.683)	0.666 ** (0.043)	-1.203 ** (0.042)
Urban		-0.922 (0.206)	-1.510 *** (0.000)	-2.035 *** (0.000)
lnSRD^{ofdi}	-1.726 *** (0.005)	-0.034 *** (0.000)	-0.015 *** (0.000)	-0.006 *** (0.009)
lnSRD^{ofdi}×TAC	1.650 *** (0.000)	0.485 *** (0.000)	0.276 * (0.080)	
L. lnGTFP		0.662 *** (0.000)	0.770 *** (0.000)	
lnSRD^{ofdi}×I（TAC≤0.0003）				-0.184 *** (0.000)
lnSRD^{ofdi}×I（0.0003<TAC≤0.0296）				-0.023 *** (0.000)
lnSRD^{ofdi}×I（TAC>0.0296）				0.031 *** (0.001)
常数	-7.298 *** (0.000)	-4.105 *** (0.000)	-2.065 *** (0.000)	-7.720 *** (0.000)
Adj-R^2	0.243			0.385
年份效应	无	有	有	无
地区效应	无	有	有	无
AR（1）		-2.511 (0.012)	-2.525 (0.012)	
AR（2）		-1.086 (0.277)	-1.254 (0.210)	
Sargan P 值		0.867	0.999	
样本量	516	430	473	516

注：*、**、***分别表示在10%、5%和1%水平上显著。

由表3-7的回归结果可知：

（1）四种模型下研发资本存量的回归结果均显著为正，其对各国绿色发展的贡献为正，说明东道国的自主研发对本国绿色发展水平的提升具有重要意义。可见，东道国对于研发的持续投入是其吸收能力的基础，这有利于吸收跨国公司的技术溢出，进而促进东道国的绿色发展。

（2）四种模型下中国进口与对外投资的交叉项的影响系数为正，表明中国对沿线国家的直接投资，在进口的配合下，可以共同为东道国绿色发展发挥积极作用，验证了假设1。中国进口在差分GMM和系统GMM估计下对"一带一路"沿线国家绿色发展的影响为正，表明中国市场对于沿线国家具有重要意义，中国通过直接投资、进口进行产业链构建、整合，可以推动沿线国家从纯粹资源出口环节向产业链其他环节延伸，进而提升本地绿色发展水平。

（3）固定效应、差分GMM、系统GMM下的中国对外投资和吸收能力的交叉项对东道国绿色发展的影响均为正，表明中国对外直接投资在东道国吸收能力的配合下，对东道国的绿色发展发挥了积极影响，验证了假设4。东道国的吸收能力是吸收中国直接投资技术溢出的基础性条件，自身研发投入的提高可提升吸收能力，加快吸收中国的研发溢出，进而推动东道国绿色发展。由于假设1、假设4得证，因此假设2也得证。

（4）经济发展水平的影响为正，表明其可以在较高程度上代表该国的经济、技术的发展水平。随着经济的不断发展，劳动力会从较低劳动生产率的农业部门转移至高劳动生产率的工业、服务业领域。金融发展、政法环境对东道国绿色发展的影响均为负，可能是因为东道国金融发展水平较低，难以选择绿色技术较好的企业；政法环境的影响为负，说明东道国政法环境阻碍了当地经济的绿色发展。

3.5.4 沿线国家技术层次、优势产业分析

"一带一路"沿线各国的具体吸收能力排名如图3-3所示。

由表3-8可知，仅有个别国家仍未跨越门槛1，具有经济意义的是门槛2。

期末与期初相比，跨越门槛2的国家增长了一倍，由5个增至10个，且在跨越门槛2之后，中国直接投资对东道国绿色发展的影响发生了本质性的变化，由负转为正，说明在东道国吸收能力跨越关键门槛之后，获取中国投资技术溢出的能力显著提高，验证了假设3。

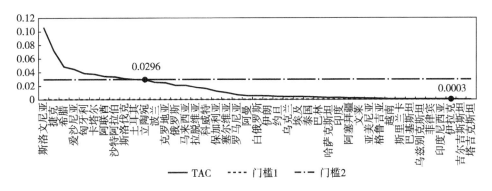

图3-3　2014年"一带一路"沿线国家吸收能力（TAC）

表3-8　"一带一路"沿线国家吸收能力门槛通过情况

门槛区间（万元/人）	估计参数	国家（2003年）	国家（2014年）
TAC≤0.0003（前工业化）	-0.110***	吉尔吉斯斯坦、越南、塔吉克斯坦（3个）	吉尔吉斯斯坦、塔吉克斯坦（2个）
0.0003<TAC≤0.0296（适用技术层次：劳动密集型、资源型产业）	-0.004	克罗地亚、匈牙利、……、伊拉克（共35个）	立陶宛、波兰、……、伊拉克（共31个，具体见图3-3）
TAC>0.0296（较先进技术层次：技术密集型、服务型产业）	0.021***	斯洛文尼亚、……、捷克（共5个）	斯洛文尼亚、捷克、……、土耳其（共10个，具体见图3-3）

注：***表示在1%水平上显著。

未越过门槛1的国家处于工业化之前，此处不予讨论。按照东道国吸收能力门槛可将其分为两类国家：①门槛1、门槛2之间的国家是"适用技术层次"国家，其处于工业化中前期，以"劳动密集型、资源密集型产业"为主。

这些国家的研发投入水平不高，吸收能力中等，该阶段中国直接投资的技术溢出系数较门槛 1 前有较大改善，还没有实现由负到正的转变，因当地研发投入不高，致使吸收能力不足。②越过门槛 2 的国家是较先进技术层次国家，其处于工业化中后期，以"技术密集型、服务型产业"为主，这些国家已经越过了依靠廉价劳动力、出售资源为主的阶段。因为研发投入较高、吸收能力较强，这些国家对于中国直接投资技术溢出的吸收较为充分，可以转化为自己的创新能力，因而这一阶段的中国对外直接投资的溢出为正，通过产业转移能够促进东道国绿色发展水平的提升。

3.5.5　稳健性检验

3.5.5.1　更换门槛变量

为了验证实证结果的稳健性，本章把模型（4）的门槛变量"研发投入"分别更换为"科技文章""专利数"（居民专利+非居民专利），以进行稳健性检验①，检验结果如表 3-9 所示。两种检验方法均表明存在显著的双门槛，且越过门槛 2 后，对绿色发展的影响系数由负转正，说明可以将"一带一路"沿线国家分为"适用技术层次""先进技术层次"两类，只有进入"先进技术层次"，该国的吸收能力才会越过变化门槛，才能够较充分地吸收中国直接投资的技术溢出，促进其绿色发展。两种检验方法均证明门槛模型是稳健的。

表 3-9　稳健性检验：替换研发投入

变量	（1）科技文章	（2）专利数
$lnSRD^d$	0.065** (0.036)	0.073** (0.026)

① 由于部分国家的科技文章和专利（居民专利+非居民专利）数据缺失较多，因此在原有样本量的基础上剔除了阿联酋、阿曼、巴林、科特尔、科威特、斯洛文尼亚、塔吉克斯坦、文莱和伊拉克 9 个国家。

续表

变量	（1）科技文章	（2）专利数
$\ln SRD^{imp}$	-0.017* (0.094)	-0.034*** (0.002)
$SRD^{imp} \times SRD^{ofdi}$	0.000 (0.834)	0.000 (0.847)
$\ln Pgdp$	0.832*** (0.000)	0.743*** (0.000)
Fin	-0.148*** (0.001)	-0.172*** (0.000)
Poli	-0.366* (0.055)	-0.969*** (0.000)
Pop	0.597 (0.768)	2.945 (0.184)
Urban	-1.919*** (0.000)	-1.831*** (0.001)
$\ln SRD^{ofdi} \times I\ (TAC \leqslant \gamma_1)$	-0.052*** (0.000)	-0.047*** (0.000)
$\ln SRD^{ofdi} \times I\ (\gamma_1 < TAC \leqslant \gamma_2)$	-0.011* (0.054)	-0.009 (0.142)
$\ln SRD^{ofdi} \times I\ (TAC > \gamma_2)$	0.084*** (0.000)	0.070*** (0.000)
常数项	-6.061*** (0.000)	-5.055*** (0.000)
Adj. R^2	0.428	0.359
N	408	408

注：*、**、***分别表示在10%、5%和1%水平上显著。

3.5.5.2 改变折旧率

把折旧率更换为12%再一次进行稳健性检验，结果如表3-10所示。实证结果与表3-8基本一致，存在显著的双门槛，且越过门槛2后，对绿色发展的影响系数由负转正，因此再次验证本章实证结果是稳健的。

表 3-10　稳健性检验：折旧率 12%

变量	(1) 固定效应	(2) 差分 GMM	(3) 系统 GMM	(4) 门槛回归
$\ln SRD^d$	0.053 * (0.089)	0.071 *** (0.000)	0.045 *** (0.000)	0.061 ** (0.033)
$\ln SRD^{imp}$	−0.039 *** (0.000)	0.004 * (0.089)	0.010 *** (0.000)	−0.041 *** (0.000)
$SRD^{imp} \times SRD^{ofdi}$	0.001 *** (0.001)	0.000 * (0.052)	0.000 * (0.089)	0.001 *** (0.000)
$\ln Pgdp$	0.982 *** (0.000)	0.544 *** (0.000)	0.363 *** (0.000)	1.049 *** (0.000)
Fin	−0.084 *** (0.006)	−0.111 *** (0.000)	−0.108 *** (0.000)	−0.085 *** (0.001)
Poli	−0.863 *** (0.000)	−0.608 *** (0.000)	−0.595 *** (0.000)	−0.952 *** (0.000)
Pop	−1.175 * (0.073)	−0.127 (0.829)	0.142 (0.698)	−1.191 ** (0.045)
Urban	−1.761 *** (0.004)	−0.813 (0.234)	−1.579 *** (0.000)	−1.987 *** (0.000)
$\ln SRD^{ofdi}$	−0.033 *** (0.000)	−0.015 *** (0.000)	−0.003 (0.131)	
$\ln SRD^{ofdi} \times TAC$	1.607 *** (0.000)	0.416 *** (0.000)	0.174 (0.120)	
$L. \ln GTFP$		0.661 *** (0.000)	0.772 *** (0.000)	
$\ln SRD^{ofdi} \times I\ (TAC \leqslant 0.0003)$				−0.177 *** (0.000)
$\ln SRD^{ofdi} \times I\ (0.0003 < TAC \leqslant 0.0296)$				−0.023 *** (0.000)
$\ln SRD^{ofdi} \times I\ (TAC > 0.0296)$				0.030 *** (0.001)
常数	−7.281 *** (0.000)	−4.106 *** (0.000)	−1.988 *** (0.000)	−7.733 *** (0.000)

续表

变量	（1）	（2）	（3）	（4）
	固定效应	差分 GMM	系统 GMM	门槛回归
Adj-R^2	0.244			0.382
年份效应	无	有	有	无
地区效应	无	有	有	无
AR（1）		-2.484 (0.013)	-2.612 (0.009)	
AR（2）		-1.087 (0.277)	-1.270 (0.204)	
Sargan P 值		0.900	0.998	
样本量	516	430	473	516

注：*、**、***分别表示在10%、5%和1%水平上显著。

3.6 研究结论与启示

本章在已有研究的基础上，运用固定效应、差分 GMM、系统 GMM、门槛回归等模型，实证分析了中国进口、直接投资对"一带一路"沿线国家绿色发展的影响，得出的主要研究结论如下：①中国对沿线国家进口与直接投资共同作用，通过产业链构建、整合，能够促进沿线国家绿色发展。②中国对沿线国家的直接投资在东道国吸收能力的配合下，可以为当地绿色发展发挥积极作用。③中国直接投资的绿色发展溢出因东道国吸收能力的不同而异，呈现出由负到正的转变，对东道国的技术溢出存在显著的双门槛效应，据此可将沿线国家分为"适用技术层次""先进技术层次"两类，前者以"劳动密集型、资源密集型产业"为主，处于工业化前期，吸收能力相对较低；后者以"技术密集型、服务型产业"为主,处于工业化中后期,吸收能力较强,先进技术国家的数量与 2003 年相比增加了一倍,主要分布于中东欧。④东道国自主研发是其吸收能力的主要来源,对中国直接投资的绿色发展溢出有积极影响。总之,通过与沿线国家产能合作、共建"绿色一带一路",有力驳斥了西方某些国家对中国"新殖民主义"的污蔑。

基于本章的研究,提出以下相关政策建议:

(1)基于"一带一路"沿线国家产业优势的不同,有针对性地进行直接投资。"适用技术层次"国家开始进入工业化前期,吸收能力相对较低,中国投资可集中于当地具有相对优势的"劳动密集型、资源密集型产业";"先进技术层次"国家进入了工业化中后期,吸收能力较强,中国投资可集中于当地具有相对优势的"技术密集型、服务型产业"。加大我国对"一带一路"沿线国家的对外直接投资,一方面可以实现完整产业链的打造、价值链效率的提升,同时推动东道国绿色发展;另一方面可以在稳定我国高质量供应、满足我国人民对美好生活需求的同时,为沿线国家提供高质量的消费市场和分享我国改革开放的胜利果实。我国各地区的优势产业不同,需根据自身实际制定合适的对外投资战略,提供政策支持,为企业在"一带一路"沿线国家的对外投资、产能合作给予有力支撑。

(2)以"绿色一带一路"共建消除"新殖民主义"污蔑,以经济共生化解"信任赤字",通过市场准入、投资承诺的治理,促成"一带一路"经济圈中国向心力的形成:①强化市场准入治理。美国依靠全球最大市场准入治理,形成了对很多国家事实上的制约。在当前全球经济持续低迷的背景下,中国作为全球第二大市场、世界最大货物贸易国对"一带一路"沿线国家具有强大的诱惑力,同样可以通过市场准入治理,以中国举办国际进口博览会为重要抓手,促进经济圈中国向心力的形成。②以中国直接投资作为推动沿线国家绿色发展的重要驱动力,加快将其纳入我国产业链,壮大"一带一路"经济圈,以遏制西方的意识形态偏见，化解东道国民粹主义、政策更迭的风险，从战略上化解敌对势力的恶意操控，实现"绿色一带一路"的共建和人类命运共同体的打造。③当前形势下，我国应积极加强与其他国家的合作。④中国政府和企业需提升跨国治理、文化治理的能力。要提升中国制度、经验的国际接受度，扩大相应政策研究，在沿线国家塑造良好的形象，解决"信任赤字"问题。中国需要加大民间、政府的双边交往，增强我们跨国治理的能力，与沿线国家共同致力于"绿色一带一路"的打造。

（3）东道国跨越门槛的努力和营商环境的改善。①纵向溢出是中国对外直接投资在"一带一路"沿线国家技术溢出的主要方式，尤其是本地化采购所产生的对本土供应商的后向溢出，通过本土产业链的扩展，为当地企业的技术和管理水平的提升贡献较大。前向溢出是中国对外直接投资对东道国客户的推动，其一般是中国服务业领域的投资对东道国制造业的促进。前向溢出和后向溢出均能促进当地绿色发展，助推绿色"一带一路"的实现。但是东道国获取溢出的多少与其吸收能力密切相关，对东道国的建议是加大研发投入，以尽量跨越门槛2，实现吸收能力的质变，东道国绿色发展可获得正向溢出。②东道国需提升吸收能力和改善营商环境。沿线国家应该加大研发投入，以尽量跨越门槛2，实现吸收能力质的提升，以获得绿色发展的正向溢出。另外，需要处理好"信任赤字"问题，实现东道国对华政策的友好和可持续，以稳定政策、优化营商环境。沿线国家接受中国投资就等于获得了进入中国大市场的入场券，可以加速本国经济的发展。

第二部分

数字化时代中国绿色发展创新驱动的路径、机制分析

4 工业层面：自主创新与中国工业绿色技术进步

4.1 引言

党的十九届五中全会提出的双循环新发展格局，就是要构建以国内大循环为主体、国内国际双循环相互促进的新发展格局。

新冠肺炎疫情的暴发对世界经济造成了深刻影响，自 2008 年全球金融危机重挫发达国家以来，发达国家的经济一直没有实现根本性的改观。全球新冠肺炎疫情更是加剧了外部经济环境的恶化，因此中央提出"双循环"战略，立足于畅通国内大循环、坚持扩大内需这一战略基点，以深化供给侧结构性改革为主线，紧紧抓住创新这一关键环节，畅通国内大循环。

中国发展的外部环境已经发生变化，改革也迈入深水区，因而现阶段发展面临的困难会更加复杂。面对百年未有之大变局，中国内有环保、发展模式转型的压力，外有外部环境改变、外需市场萎缩的压力，要在新形势下扩大内需，实现经济绿色、高质量发展，走出一条跨越"中等收入陷阱"的新路，持续迈向社会主义市场经济强国。在进入经济新常态的背景下，中国已经不能依赖粗放式的经济增长，而是要以创新驱动下的高质量经济增长为主。创新驱动即依靠研发和人力资本投入，同时不放松环境规制以实现高质量发展。此外，在城市化红利继续存在的情况下，通过新基建推动新型城市化。双循环也包括了国际循环，需要继续扩大开放、引进外资。城市化、外商直接投资是扩大内需的重要方面。因此，双循环格局下探索如何通过创新驱动实现高质量发展，具有重大的理论实践价值。

4.2　理论分析与研究假设

本章的理论机制如图4-1所示，现实逻辑是基于扩大内需的要求，新常态下应该依靠绿色创新驱动，实现有内涵的经济增长；理论逻辑就是基于双循环新格局的构建，通过研发、环境规制、城市化、人力资本，推动高质量发展。

党的十九届五中全会坚持新发展理念，强调"推动绿色发展"，完善生态文明领域统筹协调机制，加快推动绿色低碳发展，为推进生态文明建设、共筑美丽中国注入强大动力。生态文明建设是关系中华民族永续发展的千年大计，显然，作为主要污染来源的工业，实现高质量发展是建设生态文明的必由之路。中国经济发展经历了从改革初的"发展是硬道理"到新常态下的"绿水青山就是金山银山"的高质量发展理念的转变。但现实中存在环保与发展的两难悖论，环境规制和高质量发展能实现"双赢"吗？

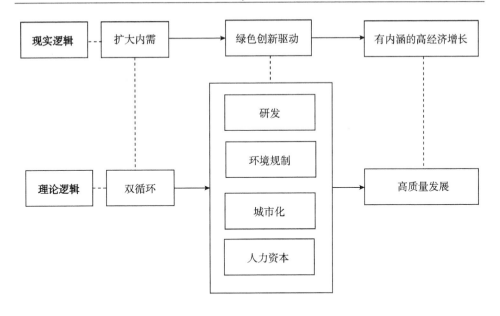

图 4-1 理论机制

波特假说认为理想的情况是在环境规制与经济发展之间存在一条先降低后提高的"U"形曲线。洛杉矶更严格的空气质量管制使当地石油冶炼业的生产率增速远远高于美国其他地区（Berman & Bui, 2001）。Managi 等（2005）发现了环境规制提高生产率的证据。然而学者们也有相反的看法，美国的环境管制使 20 世纪 70 年代制造业生产率的年均增长速度下降了 0.17 ~ 0.28 个百分点，占到了同期制造业生产率下降幅度的 12% ~ 19%（Gray & Shadbegian, 2003）。Barbera 和 McConnell（1990）认为，美国汽车污染行业的监管使其工业生产率出现 10% ~ 30% 的下降。波特假说在中国是否可以得到验证？有学者认为中国工业分行业的绿色全要素生产率出现了一定的倒退（李斌等, 2013）。还有学者认为环境规制与企业全要素生产率之间符合倒"N"形曲线（王杰和刘斌, 2014），即环境规制可以对生产率产生先降低后提高的作用，若环境规制强度过高，又会降低生产率。

波特假说认为正确的环境规制政策能够引致创新从而抵消执行环境政策的成本，实现双赢（Porter & Linde，1995）。经合组织通过对日本环境政策的审查得出，尽管污染控制提高了工业的生产成本，但增加的成本并没有严重削弱竞争力。对日本制造业的研究表明，污染控制支出与研发支出呈正相关关系，在监管严格的激励下，研发投入的增加对全要素生产率的增长率有显著的正向影响（Hamamoto，2006）。对魁北克制造业的研究表明，环境规制对生产率的当期影响是负面的，但从长期来看，则实现了正向影响的反转（Lanoie et al.，2008）。

研发投入、创新是发展的源泉，环境规制下强调对绿色技术的投资（Du et al.，2018），提升企业高质量发展的动态能力（Pacheco et al.，2018）。在严格的环境监管下，治污投入增加与研发投入增加呈正相关关系，研发投入的增加对技术进步产生正向影响（邵帅等，2019）。正向研发是推动中国技术进步的主要动力（杜龙政等，2011；杜龙政和林伟芬，2018）。国际竞争性更强的产业，更容易实现环境规制与竞争力或技术进步的"U"形反转（Lanoie et al.，2008），因为国际竞争激烈的企业不得不加大创新投入，从而加快了创新补偿效应的实现。

Howell（2018）指出虽然新兴市场决策者通常要求外国公司与国内公司成立合资企业，以降低技术收购成本，然而来自合资企业的国内公司租金又会阻碍创新。他利用中国汽车行业的新数据证明了合资企业对技术升级有不利影响。笔者认为造成这种不利影响的主要原因是合资企业的研发决策不是自主的，这影响到了中国汽车业的创新。基于以上分析，本章提出假说1：

H1：环境规制在自主研发的配合下，可以通过创新补偿效应，弥补规制成本，推动工业绿色技术进步，实现"U"形反转。

城市化作为国民经济的重要增长点，对于改革开放四十多年的经济发展贡献巨大。2018年中国城市化率已上升至59.58%。城市化的快速发展一方面带来了经济的繁荣，另一方面也带来了资源过度消耗、生态环境恶化等问题（Wang et al.，2018）。不少地方城市化粗放外延、要素投入的特征明显，是重外延、轻内涵式的不完全城市化（辜胜阻等，2017）。党的十八大提出"集约、智能、绿色、低碳的新型城市化"，即将高质量发展融入城市化中。党的十九大又提出推动新型工业化、信息化、城市化的同步发展，即认识到了工业化、技术创新对于城市化的重要意义。中共中央多次强调高质量发展的区域经济布局、提升产业基础能力和产业链水平问题。经济发展的空间结构正在发生深刻变化，中心城市和城市群正在成为承载发展要素的主要空间形式。新形势下要增强创新发展动力，增强中心城市和城市群等经济发展优势区域的经济和人口承载能力。城市是产业发展的主要载体，通过投资 5G 网络、物联网、人工智能，推行新型城市化，可有效缓解大众对"大城市病"的担忧，推动产业集聚和高质量发展。

没有工业技术进步推动的城市化，有可能会坠入拉美化的中等收入陷阱。拉美国家的城市化率很高，但自主创新能力薄弱。在跨越中等收入陷阱的时候，核心是在城市化的同时实现工业化，发展出工业技术能力，拉美国家依靠外资实现工业化，不能形成自主创新能力，因而其工业化是不可持续的工业化，不能跨越中等收入陷阱。韩国、新加坡都是在形成了自身技术能力后，成功跨越中等收入陷阱的。现在中国正处于跨越中等收入陷阱的关键节点，认识到城市化与工业自主创新对于实现高质量发展的重要价值，具有重要的意义。

（1）中国的城市化是工业化拉动的城市化。中国的工业化创造了非农化，非农化带动了城市化，城市化创造出一个较为庞大的投资和内需市场进而拉动了工业化。没有本国工业的发展，城市化国家就会成为外企的需求市场（如拉美），最终发展不了自身的工业技术能力。工业产业是技术创新的母体。创新驱动需要一定的技术能力基础，而这离不开本国的工业基础，工业产业则是技术进步的平台，没有这个平台，再好的科学技术都只能停留在实验室，无法产业化，无法发展进步，最终会因为脱离工业现实而被淘汰。

（2）城市化能够创造出工业化的需求市场和应用场景。城市化的快速发展创造了一个庞大的内需市场，这是中国工业快速发展的内驱动力，可以避开外部市场，形成自己相对完整的工业体系。例如，城市化交通的需求创造了中国高铁发展的市场，促进了高铁技术创新的自主化。城市化为自主研发、推动形成完善的工业体系创造了良好的基础；较高的研发投入、人力资本是自主创新实现的利器，推动了中国工业绿色技术进步的实现。

反之，失去工业化支撑的城市化是虚假繁荣，会陷入拉美化的中等收入陷阱。城市化可以促进本国工业技术的进步。例如，城市化对于快捷交通的需要推动了中国高铁技术的进步。拉美在城市化过程中，本国工业能力没有建立起来，在向创新驱动转变时失去了动力。失去工业化支撑的服务业大发展往往是泡沫，这从南欧五国的发展情况可以看出，没有工业化基础的创新就等于失去了产业化的母体。基于以上分析，本章提出假说2：

H2：城市化和工业自主研发会推动中国高质量发展。

人力资本水平提高，会推动生产力发展，提高对环境质量的要求，推动政府、企业关注环保，从而提升高质量发展水平。人力资本在生产力提高和长期增长中发挥着不可或缺的作用。发展中国家缺乏熟练劳动力，会抑制企业技术进步（Acemoglu & Zilibotti，2001）。高收入国家能够更有效地使用熟练劳动力（Caselli & Coleman，2006），在对非熟练劳动力的使用上低收入国家的效率相对较高，技术进步的速度低于高收入国家。Dulleck 和 Foster（2008）关注到了人力资本和设备投资的互补关系，人力资本的高低会影响利用设备、货物投资的能力，技术与技能的不匹配也会导致全要素生产率和工人产出具有巨大差异（Che & Zhang，2018）。

中国自大学扩招以来，人力资本密集型技术行业发展迅速，人力资本成为技术进步的重要途径（Che & Zhang，2018）。Männasoo 等（2018）通过对

2000~2013 年欧洲 31 个国家的 99 个不同类型地区的研究发现，人力资本禀赋对技术进步有积极的影响。Naanaa 和 Sellaouti（2017）分析了 1970~2012 年突尼斯五个制造业的全要素生产率与技术扩散决定因素之间的关系，发现人力资本的作用很关键，外企的作用反而没那么重要。综上所述，人力资本对于技术的扩散、进步意义重大，技术进步需要研发投入和技术吸收能力作为基础条件，人力资本是其重要的支撑。基于以上分析，本章提出假说 3：

H3：人力资本会促进中国工业绿色技术的进步。

为应对全球不确定风险，需进一步加大开放力度，在国际竞争中提升我国产业链的竞争力，实现生产率持续改善。面对"去全球化"隐忧，需立足于防御全球经济衰退风险，继续扩大开放力度，吸引世界一流资本以加快我国高质量发展。关于国际投资的环境污染问题方面的研究主要有"污染天堂"效应与"绿色港湾"效应两种观点，前者认为国际竞争会诱发东道国降低环境标准的"竞次效应"，从而恶化东道国环境质量（Baek，2016）；后者认为跨国公司的环境治理水平较高，通过国际投资的"外溢效应"会提升东道国环境质量（Popp，2011）。Poelhekke 和 Ploeg（2015）则认为两种效应均有，以荷兰为例，在自然资源开采和精炼、建筑、零售、食品加工、饮料和烟草以及公用事业领域表现出"污染天堂"效应，但在机械、电子、汽车、运输和通信行业则表现出"绿色港湾"效应。

发展中国家的"污染天堂"效应会更明显。Herzer 和 Donaubauer（2018）以 1981~2011 年 49 个发展中国家为样本进行研究，结论是外商直接投资对技术进步的长期影响为负。Cai 等（2016）对中国 1998 年开始实施的酸雨和 SO_2 的两控区政策（TCZ）的分析表明，TCZ 城市的外商直接投资流入减少。整体来看，中国的环境规制直到最近几年才被较为严格地执行，此前地方政府为了招商而放松了环境规制，因此"污染天堂"效应可能大于"绿色港湾"效应。基于以上分析，本章提出假说 4：

H4：外商直接投资对中国整体及分区域工业绿色技术进步的影响为负。

4.3 工业绿色技术进步的测算

本书以绿色全要素生产率来度量高质量发展水平。有学者用市场全要素生产率来评估技术进步（张成等，2011），但没有考虑环保因素会带来测度误差（Feng & Serletis，2014）。环境全要素生产率也被称为绿色全要素生产率（GTFP）（王兵等，2010）。Chambers 等（2006）提出的 Luenberger（L）方法与非角度的、具有相加结构方向性距离函数相适应，王兵等（2010）运用了此方法。Oh（2010）指出 ML 方法与相乘结构的方向性距离函数相适应。L 方法或 ML 方法是通过几何平均的形式测算全要素生产率，其结果不具有循环累积性，不适合时间段较长的效率变化的测算，全局曼奎斯特—鲁恩博格生产率指数（Global Malmquist–Luenberger Productivity Index，GML）（杜龙政等，2019）的度量会更加准确。

关于绿色全要素投入、产出指标的选择。关于省份范围的确定，我们主要选择除西藏外的 30 个省份。"好"产出、"坏"产出和投入的基础数据主要来源于历年《中国环境年鉴》《中国劳动年鉴》《中国工业统计年鉴》《中国工业经济统计年鉴》《中国能源统计年鉴》。"好"产出选用各个省份的工业总产值（以 2001 年为基期)，"坏"产出选用各个省份工业 SO_2 和工业 COD 排放。

资源投入采用折合为标准煤的煤炭消费量，传统 TFP 未考虑在内，假设其为"坏"产出的主要来源。在劳动力投入衡量方面，劳动时间指标比劳动力人数指标更好，但难获得该数据，故选取规模以上工业企业的全部从业人员年平均数代替劳动时间，数据来源于历年《中国人口和就业统计年鉴》。

本书选取规模以上工业企业的资本存量来作为资本投入，测算方法如下：2001 年的工业固定资本形成额（I_{1994}）比 2001~2005 年固定资本形成额的几何平均增长率（θ）和固定资本折旧率（δ）之和，即 $K_{2001} = I_{2001} / (θ+δ)$（Hall & Jones，1999）。不同于统一的折旧率方法，吴延瑞（2008）考虑到不同地区因发展速度不同而导致的折旧率的差异，首次针对各地区采取不同的折旧率，本章借鉴其针对各省份所用的折旧率。

本章基于 2001~2015 年中国各省份投入产出数据，用 GML 方法测算各省份的绿色全要素生产率（GTFP）的 MI 指数。但鉴于 MI 指数反映的是 GTFP 的增长率而非 GTFP 本身，因此假设 2001 年的绿色全要素生产率为 1，然后根据测算出的 MI 指数进行相乘而得到 2001~2015 年的 GTFP。各省绿色全要素生产率指数的测算所基于的软件是 MaxDEA7.0。我国各省份绿色全要素生产率指数的具体测算结果如表 4-1 所示，东部的技术进步（4.95%）略微大于中部（4.87%）、西部（2.0%）。

表 4-1　我国各省份的绿色全要素生产率指数（2001~2015 年）

省份	GTFP 指数	省份	GTFP 指数	省份	GTFP 指数
河南	1.0820	安徽	1.0560	云南	1.0220
天津	1.0750	广东	1.0550	山西	1.0090
北京	1.0690	江苏	1.0530	新疆	1.0090
福建	1.0680	广西	1.0510	黑龙江	1.0080
上海	1.0680	重庆	1.0500	宁夏	1.0030
吉林	1.0630	辽宁	1.0460	甘肃	1.0010
山东	1.0600	浙江	1.0440	海南	1.0000
江西	1.0600	河北	1.0350	青海	0.9540
四川	1.0600	内蒙古	1.0350	东部	1.0495
湖北	1.0590	陕西	1.0310	中部	1.0487
湖南	1.0580	贵州	1.0280	西部	1.0200
全国均值：1.0400					

4.4 模型和变量

4.4.1 模型设定

我们借鉴环境库兹涅茨曲线在分析环境污染和经济增长时采用的二次曲线分析方法，并在考虑相关控制变量的基础上，将实证模型设置如下：

$$\ln GTFP_{it} = C + \beta_1 ER_{it} + \beta_2 ER_{it}^2 + \beta_3 Urban_{it} + \beta_4 \ln RD_{it} +$$

$$\beta_5 Urban_{it} \times \ln RD_{it} + \delta X_{it} + V_i + \varepsilon_{it} \qquad (4-1)$$

其中，i 表示省份；t 表示年份；GTFP 表示高质量发展水平；ER 表示环境规制强度；Urban 为非农人口比值，表示城市化水平；RD 表示研发强度；X 表示控制变量，分别是外商投资、进口、治理结构和禀赋结构；β、δ 为待估参数；C 为不随个体变化的截距项；V_i 为个体效应；ε_{it} 为随机误差项。根据环境库兹涅茨曲线，ER 前的系数应当为负；随着规制水平的不断提升，ER^2 前的系数应当为正。

4.4.2 变量引入及说明

由前文可知，绿色 TFP 是生产率提高的综合反映，故以 GTFP 作为因变量、环境规制为核心解释变量来检验环境规制与绿色创新之间是否存在波特假说的"U"形曲线。因此本章选取环境规制（ER）、研发强度（RD）、城市化水平（Urban）、治理结构（GT）、FDI、进口（IM）、资源禀赋（K/L）7 个解释变量。下面就各变量选取的经济意义以及构建情况进行说明。

（1）环境规制（ER）。张成等（2010）总结了国内外学者度量的几个角度，如环境规制政策或规制机构对企业排污的检查次数（Brunnermeier & Cohen，2003）、治污投资占企业总成本或产值的比重（Lanoie et al.，2008）、治理污染设施运行费用（张成等，2010）、治理工业污染的总投资与工业增加值的比值（张成等，2011）、污染排放量变化（Domazlicky & Weber，2004）等。陆旸（2009）用人均收入作为内生指标衡量环境规制强度。基于指标的相对完善性和数据可得性的考虑，我们选取了治理工业污染的总投资与工业总产值、工业主营成本的比值乘一万来分别作为度量环境规制强度的指标一（ER1）和指标二（ER2）作为度量环境规制强度的指标。数据来源于历年《中国工业统计年鉴》和《中国工业经济统计年鉴》。

（2）城市化水平（Urban）。城市化过程非农人口比例的提高成为工业发展的基本就业人口保障。城市化的发展创造出投资需求和消费需求，城市基础设施和住宅投资需求带动了水泥、建材和钢铁等高耗能行业的发展，但可能会降低高质量发展水平；城市化也带动了家电、服装、家具等污染较轻的轻工业的发展，从而促进了高质量发展。城市化水平的提高也有两面性，因非农人口比例提高，增加了工业劳动力数量而促进了工业绿色技术的进步。这一指标用非农人口比重（非农人口/总人口）来衡量，但 2015 年之后不再分省份统计非农人口数，因此本书用 2014 年的增长率来推算 2015 年的非农人口比重，数据来源于历年《中国人口和就业统计年鉴》。

（3）研发强度（RD）。研发强度则是工业绿色技术进步的资金投入保障。研发投入是促进工业绿色技术进步的源泉，保持一定的研发强度是工业绿色技术进步的根本，同时针对环保的绿色技术创新同样需要研发投入。数据来源于历年《中国科技统计年鉴》。

（4）控制变量指标，包括 FDI、进口、治理结构和禀赋结构四个变量。一是以实际使用外商直接投资占 GDP 的比重和进口占 GDP 的比重来衡量对外开放环境，数据来源于各省历年统计年鉴。二是采用私营工业企业和"三资"工业企业的主营业务收入之和占国有及国有控股主营业务收入比重来表示治理结构（GT），数据来源于历年《中国工业统计年鉴》。三是资本密集度指标——禀赋结构（K/L）。资本劳动比高意味着资本密集，这存在两种情况：①重化工业的资本密集，但技术未必密集，资源消耗高、污染较重；②高技术行业的技术密集与资本密集同步，例如，液晶面板生产线投资以百亿元计，污染相对重化工业较轻，需实证检验其对于工业绿色技术进步的影响。

4.5　实证检验与结果分析

在计量模型中，内生变量和外生变量的区分是关键。在各解释变量中，环境规制强度通过治理工业污染的总投资与工业企业主营业务成本的比值来衡量，而工业污染总投资与全要素生产率及产业结构间可能存在双向因果关系，即环境规制强度属于内生变量，如用一般的面板数据模型进行回归，回归结果可能有偏。因此，本章采用 Arellano 和 Bover（1995）提出的系统广义矩法（System GMM）对模型1进行估计，用解释变量的滞后项作为工具变量来解决模型中存在的内生性问题。系统 GMM 方法估计需要通过两个检验，即 Arellano 和 Bond 提出的对差分方程随机扰动项进行的二阶序列相关检验，以及针对工具变量的有效性进行的 Hansen 过度识别约束检验。由表4-2可知，AR（2）的结果大于0.1，因此不存在二阶序列相关。鉴于中国各区域工业行业发展的差异性特征，本章将分别对全国、东部地区、中部地区和西部地区的面板数据进行实证分析，以研究环境规制强度对不同区域工业绿色技术进步影响的区域差异。

表4-2是以ER1衡量环境规制强度变量时得到的回归结果，全国、东部地区和中部地区的环境规制强度变量的一次项为负、二次项系数为正，统计意义上显著。说明随着环境规制强度的由弱变强，全国、东部地区和中部地区的区域工业绿色技术进步经历了先降低后提高的过程，即环境规制强度和区域工业绿色技术进步之间符合"U"形关系，验证了波特假说。西部不显著，未验证波特假说。

表4-2　回归结果

变量	（1）FE	（2）RE	（3）GMM
L. lnGTFP			−0.061
			(−0.35)
lnER	−0.326 ***	−0.314 ***	−0.406 ***
	(−6.66)	(−6.35)	(−2.62)
（lnER）^{2}	0.043 ***	0.043 ***	0.102 ***
	(4.21)	(4.13)	(2.80)
lnUrban	1.432 ***	1.017 ***	4.818 **
	(4.06)	(3.19)	(2.03)
lnRD	0.307 ***	0.260 ***	0.982 *
	(3.80)	(3.40)	(1.91)
lnUrban×lnRD	0.228 ***	0.185 ***	0.992 **
	(3.64)	(3.07)	(2.10)
lnFDI	0.071 ***	0.047 ***	0.319 *
	(3.59)	(2.58)	(1.78)
lnIM	0.001	−0.016	−0.210
	(0.03)	(−0.68)	(−1.26)
lnGT	0.137 ***	0.134 ***	0.527 ***
	(5.30)	(6.42)	(4.50)
ln（K/L）	−0.000	0.036	−0.004
	(−0.01)	(1.09)	(−0.01)
常数	3.008 ***	2.283 ***	6.190 **
	(5.84)	(5.54)	(2.52)

续表

变量	(1) FE	(2) RE	(3) GMM
AR (1)			−3.18
			(0.001)
AR (2)			−1.14
			(0.253)
Hansen test			20.19
			(0.322)
样本量	435	435	406
调整后的 R²	0.446		
Hausman 检验	23.06		
	(0.011)		

注：＊、＊＊、＊＊＊分别表示在10%、5%和1%水平上显著。所有模型都加入了时间趋势变量，回归系数括号里的数为 t 值。

人力资本对于全国、东部、中部的区域工业绿色技术进步的影响均显著为正，说明人民教育水平的提高对于环保形成了舆论压力，推动了政府对企业环保的监管，企业受到环境规制压力加速创新，技术进步加快。人力资本对西部的影响则显著为负，西部的人力资本投入不足，已经影响到区域工业的高质量发展。当期研发对于区域工业绿色技术进步的影响显著为正，这说明加大研发投入对于高质量发展有重要意义；上期研发的影响则为负，说明研发主要在本期发挥作用。可能的解释是，研发投入主要是针对当年的，以短、平、快的衍生技术创新为主，或者是购买现成的技术和设备，而对自主研发的长期可持续投入不够。也有可能是技术更新换代的速度太快，企业需要快速跟进，上一期的研发已经变为沉没成本。城市化对于工业绿色技术进步的影响显著为正，因为非农化比例的上升意味着工业就业人口的增加，充裕的劳动力是工业化的驱动力，工业化的发展首先是从劳动力从农业生产转移到工业生产开始的。

FDI 对工业绿色技术进步的影响在全国、中部显著为负，说明 FDI 对于工业绿色技术进步的影响为负，但不能确定是因为技术外溢不显著，还是污染导致高质量发展水平降低。东部、西部则不显著，但系数为负。就实地调研来看，外资企业的技术封锁还是很严格的，中方人员一般不允许接触研发工作，因此技术外溢有限。环保也是因中国地方政府要求而定，外资进入中国是以逐利为主，地方此前以追求 GDP 增长为主，对于环保并不重视，此后应注重招商选资。BE 在全国、东部、中部、西部均显著为正，说明营商环境对于高质量发展是起正面作用的，工业总产值中，民营企业和外资企业所占比例提高，国有企业的比例降低，这有利于高质量发展。

资源禀赋的影响为负，说明高资本劳动比是以资本密集型的重化工业为主，而非同属资本密集型和技术密集型的高技术行业。重化工业发展产生的污染较重，影响到了区域工业绿色技术进步。

我们采用指标 ER2，即用工业总产值代替工业企业主营成本，进行环境规制的稳定性检验，结果显示，环境规制强度和区域工业绿色技术进步水平之间同样呈"U"形关系。结果如表 4-2 所示，稳定性检验的效果较好，限于篇幅，此处不再赘述。

4.6　结论

双循环背景下如何畅通国内大循环成为现在关注的焦点，创新驱动成为改善供给侧、提高经济发展质量的关键。本章采用 GML 方法研究了各地 2001～2015 年的区域工业绿色技术进步，并且深入分析了环境规制、自主创新、营商环境等变量对于区域工业绿色技术进步的影响，得出的结论如下：

（1）本章利用 1994～2015 年的省际面板数据，运用全局曼奎斯特—鲁恩博格生产率指数（GML）方法评估了中国各省份工业的高质量发展水平。随着环境规制强度的由弱变强，区域工业绿色技术进步呈先降低后提高的趋势，即全国、东部地区、中部地区的环境规制强度和区域工业绿色技术进步之间符合"U"形关系，而西部地区没有得到验证，这可能和该地区的环境规制形式不甚合理有关；东部、中部地区能更早突破"U"形曲线的转折点，这在一定程度上可能也和其相对合理的环境规制形式有关。

（2）城市化对区域工业绿色技术进步的影响为正，说明中国的城市化整体上促进了工业化及其高质量发展。城市化一方面增加了非农人口的比例，成为工业化的就业人口来源；另一方面城市化本身创造的投资需求、消费需求促进了中国工业的高质量发展。中国在城市化水平提高的同时，伴随着区域工业绿色技术进步，意味着中国极有可能跨越中等收入陷阱。

（3）实证表明，围绕自主创新的相关指标——人力资本、当期研发对于区域工业绿色技术进步的正面影响较大，这说明推动工业发展、强化自主研发的重要性。但研发滞后一期的影响为负，说明对于前沿技术的关注不够，还是以对短、平、快技术研发的投入为主，这反映出对基础技术研究的投入不足。

（4）营商环境对于区域工业绿色技术进步的影响为正，各地政府应继续推进营商环境的改善，促进民营经济发展。外商直接投资的影响为负，说明外企的技术外溢不是中国工业绿色技术进步的来源，外企的污染风险也较高，需进一步对外商进行招商选资。资源禀赋指标表明高资本劳动比会降低工业绿色技术进步水平，应抛弃对于资本密集型大项目的依赖，推动产业转型，提升高质量发展水平。

5 城市层面：智慧城市与土地绿色利用效率

5.1 引言

绿色发展是中国转变经济发展模式的关键，也是推进经济高质量发展、实现"美丽中国"的重要内容。绿色发展的目标是在打造"资源节约"型与"环境友好"型社会的基础上，实现经济、社会和生态环境的协调发展（Silvestre & Tirca，2019）。土地是人类进行生产生活和社会经济活动的重要物质载体，在对其利用的过程中要将人与自然和谐相处、永续发展的绿色发展理念贯穿其中，实现土地利用的经济效益、社会效益和生态效益的统一。

改革开放以来，中国城镇化水平显著提高，不可否认的是，城镇化水平的提高是拉动经济增长的重要动力，但在此过程中也出现了严重的问题：一是城市空间的过度扩张导致大量的农用地转化为非农建设用地，城市内部的土地利用效率低下（Cartier，2001），不仅对耕地保护和国家粮食安全造成了威胁，而且也制约了城市经济的发展（Chen，2014；Liang et al.，2019）。二是粗放的城市规模扩张，随着严重的环境污染问题，这已经危及了经济社会的可持续发展（Liu & Lin，2018；He et al.，2014；Verma & Ragubanshi，2018）。提高城市土地绿色利用效率已成为发展中国家应对快速城市化的主要任务。在这样的背景下，实现城市发展、土地利用与环境保护三者和谐发展的关键是遵循绿色发展的理念，推行城市土地绿色利用。城市土地绿色利用既是将绿色发展理念引入土地利用的过程之中，也能最大幅度增加土地经济产出和社会福祉，同时能够最大可能地降低环境污染。合理测度城市土地绿色利用效率对于城市土地绿色利用的实现和相关政策的制定具有重要的理论和现实意义。

为此，党的十九大报告强调坚持和推进绿色发展，按照绿色发展方式调整城市发展模式是重塑城市发展动能、提升城市核心竞争力的关键。2012 年 12 月公布的智慧城市试点政策为城市发展提供了一种将创新与绿色相结合的新模式。智慧城市以创新驱动与环境可持续性为主要特征（Caragliu et al.，2011），通过创新驱动绿色城市发展模式、优化经济发展方式，具有创新优势及绿色基础。那么，智慧城市建设能否提高中国城市土地绿色利用效率？在不同城市规模和不同城市特征约束下，智慧城市建设对土地绿色利用效率的影响是否会有差异？智慧城市建设是通过何种机制影响土地绿色利用效率的？这些问题的回答，在城市化深入发展以及经济高质量发展的背景下，对实现经济可持续发展具有重要的理论价值与实践意义。

事实上，作为各类经济活动的空间载体，城市土地是第二、第三产业的集中分布空间，其既能带来"期望"的经济和社会产出，也能因为高耗能、高排放产业的过度聚集给城市环境带来"非期望"产出（Wang et al.，2017）。将非期望产出纳入城市土地利用效率测算框架中，不仅能提高土地利用效率测算的科学性，而且也契合了当前城市土地利用引发区域生态环境风险激增的现实。基于此，本章利用2004~2017年中国152个地级市的面板数据，将2012年中国智慧城市试点作为准自然实验，采用双重差分法（DID）评估智慧城市建设对城市土地绿色利用效率的影响及其作用机制。本章的意义在于：①区别于已有文献主要探究城市发展水平和城市特征等对土地利用效率的影响，而忽略了新型城市建设对考虑环境要素的土地绿色利用效率的作用效果，本章科学地评估了新型城市建设对土地绿色利用效率的作用效果。②土地绿色利用效率可能会受到变量的非政策因素的影响，这可能存在内生性问题。但智慧城市建设为本章提供了一个准自然实验，将其他因素与政策因素分开，避免了内生性问题。③区别于传统城市的发展模式，本章首次基于新型城市发展模式的视角，系统考察智慧城市建设对土地绿色利用效率的影响及其作用机制，以及在不同城市规模与不同城市特征下，检验智慧城市建设对土地利用效率的影响差异，以期为全面开展智慧城市建设、深入推进绿色发展提供理论基础。

5.2 文献综述及理论机制

5.2.1 文献回顾

城市土地是经济社会发展的重要依托载体，而在城市化进程加快与城市空间扩张的背景下，传统的粗放发展模式使土地资源消耗强度增加，土地生态恶化严重。如何提升土地利用效率成为城市发展面临的重要议题之一。当前关于土地利用效率的研究主要集中在以下两个方面：

（1）关于土地利用效率的测度与评价（Martinho, 2017; Xie et al.,

2018；Xie & Wang，2015；Du et al.，2016）。传统的土地利用效率测度仅采用土地使用密度、每单位土地产量等单一指标表征（Desiere & Jolliffe，2018；Hui et al.，2015；Wu et al.，2017；Chen et al.，2019）。但是，单一指标评价方法无法全面反映城市土地利用过程中多项投入和多项产出之间的效率关系。因此，城市土地利用效率评价由单指标转向了多指标评价，包括经济、社会、环境和政治因素（Guastella et al.，2017；Jin et al.，2018；Jing et al.，2017；Zhou & Tan，2017）。然而，多指标综合评价方法仍然存在评价指标权重主观性强、难以确定理想值等问题，影响了评价结果的客观性。随着研究技术的不断发展，非参数的数据包络分析法（DEA）能够采用最优化方法确定各种投入要素的权重，避免人为主观因素，能够更加客观地对效率值进行有效评价，逐渐成了测度城市土地利用效率的主流方法。如 Xin 等（2020）、Yang 等（2010）利用传统的未纳入非期望产出的 DEA 方法测度了不同尺度下城市土地利用效率。然而，经济产出并不是土地利用过程中的唯一产出，在效率测算中还需要将"三废"排放等环境产出作为土地利用的非期望产出，这样才能够更加准确地测度出土地利用效率的真实情况（Zhu et al.，2019；Hanif，2018；Liu et al.，2015；Peng et al.，2018）。随着绿色发展理念的深入和研究方法的进步，现代城市土地绿色利用效率测度逐渐成为当前土地利用评价中研究的热点。在传统 DEA 模型基础上改进而成的非径向、非角度的 SBM-Undesirable 模型能够考虑到土地利用的非期望产出，从而成为土地利用效率的主流测算方法。如 Yang 等（2015）、Tao 等（2016）和 Yu 等（2019）均运用此研究方法对不同尺度下的城市土地绿色利用效率进行了测度和研究。但是，SBM-Undesirable 模型依然存在有效决策单元效率值无法再分解的问题，造成有效决策单元信息的损失，而基于非期望产出的超效率 SBM 模型可以有效解决这一现实问题（Zhu et al.，2019；Li et al.，2013；Lu et al.，2020；Wang et al.，2021）。

（2）关于土地利用效率的驱动因素分析。当前研究认为土地利用效率与经济发展水平（Chen et al.，2019；Yan et al.，2020）、市场开放程度（Chen et al.，2017；Huang et al.，2017）、研发水平（Xie et al.，2019；Yan et al.，2020）以及公共基础设施水平（Sun et al.，2020；Keivani et al.，2008；Osman et al.，2016）高度相关，究其原因主要是由于社会经济发展赋予土地使用更先进的技术和高级管理技能，降低生产成本，实现工业土地扩大再生产。还有相关研究表明，土地利用效率受制于城市规模、工业发展以及国家宏观政策（Barbosa et al.，2014；Du et al.，2016；Liu et al.，2008，2018）。Guastella 等（2017）认为，土地利用效率与城市规模呈正相关关系，即城市规模越大，城市土地利用效率越高。不同的是，Yan 等（2020）采用中国东部城市的数据，探究城市规模对土地利用效率的非线性影响，结果发现城市规模与土地利用效率之间呈倒"U"形关系，随着城市规模的扩大，城市土地利用效率呈先上升后下降的趋势。这主要是因为社会经济发展赋予了其更先进的技术和高级管理技能，降低了生产成本。当然，还有学者研究分析了城市土地利用效率低下的原因，包括盲目的城市扩张、地价定价不清晰以及非法转移土地使用权（Du et al.，2016；Turnbull，2010；Wei et al.，2017），并提出通过实施城市边界政策遏制城市规模扩张的方式来提升城市土地利用效率（Delmelle et al.，2014；Kim，2013）。但这些研究均没有聚焦到经济发展对土地绿色利用效率的影响上。现有关于土地绿色利用效率的文章主要偏重测度（Zhu et al.，2019；Hanif，2018；Liu et al.，2015；Peng et al.，2018；Yang et al.，2015；Tao et al.，2016），仅有少部分学者对城市土地绿色利用效率的影响因素进行了研究。如 Yu 等（2019）评估了中国 12 个城市群的土地利用效率，并验证了经济水平、经济结构和政府监管三个因素是土地利用效率的主要推动力。Li 等（2013）采用 Tobit 模型分析了经济发展水平、开放度、技术进步等对土地绿色利用效率的影响。Lu 等（2020）以 2003~2016 年中国 285 个城市为研究对象，采用 DID 方法评估了高新开发区对土地绿色利用效率的影响，研究发现，高新开发区显著提高了城市土地绿色利用效率，而且存在区域异质性，对东部地区城市的影响更明显。

5.2.2 智慧城市建设对土地绿色利用效率的影响机制分析

智慧城市建设对土地绿色利用效率的影响与当地的信息产业发展以及创新能力息息相关。

（1）智慧城市的建设首先要通过信息产业的发展，实现对传统产业的改造。根据 2012 年住建部公布的《国家智慧城市（区、镇）试点指标体系》，新兴产业发展被列为重要的考核指标。信息产业发展是新兴产业发展的重要保障，信息产业的发展本身对于当地智慧城市的建设水平发挥着关键性的作用，它可以提供人才技术，推动产业升级。智慧城市的建设需要信息技术的支撑，而当地信息产业的发展可以提供这种产业技术支撑和人才支撑。信息产业属于高技术密集型、高资本密集型产业，是新兴产业的典型代表，是新经济发展的物质技术条件。信息产业的发展对于其他产业包括制造业、服务业的信息化升级改造有着关键性的技术支撑作用，因此信息产业的发展本身可以实现产业结构优化，信息产业还可以促进制造业、其他服务业的技术升级，从而实现产业结构的优化。智慧城市的建设产生了对新兴产业的需求，刺激了信息产业的发展，通过这种需求拉动效应促进新兴产业壮大，既可以通过作为新兴产业代表的信息产业的占比的提高而实现产业结构优化，又能通过信息产业促进第二、第三产业及其他产业的技术深化、效率提升，从而实现产业结构优化。既提升了其他产业原有资源、要素的效率，又可以降低污染排放及提高土地利用效率。

（2）智慧城市建设通过创新能力而促进了城市土地绿色利用效率的提升。石大千等（2018）认为，智慧城市建设通过现代信息技术推动了城市发展模式的创新，通过创新驱动产生技术效应、配置效应和结构效应，从而降低了城市环境污染。中国经济的发展正处于从"要素驱动型"向"创新驱动型"转型的阶段，当地的创新能力强，意味着同等资源所创造的技术附加值更高，产出能力更强，产出效率更高。技术具有"点石成金"的放大器效应。这种创新效应包括两个方面：一是智慧城市建设通过对"信息产业创新能力"的创新发挥"放大器"效应，促进土地绿色利用效率的提升。信息产业技术创新的拉动提升了城市创新能力。此外，新一代信息技术产业和新材料产业的发展，会促进高端人才、高新企业、研发资本等创新要素的集聚，全面提升当地的技术进步水平（技术效应），发挥创新的"放大器"效应，提升城市土地绿色利用效率。二是通过对"其他产业创新能力"的赋能而发挥放大器效应，促进土地绿色利用效率的提升。因此创新能力强的城市，智慧城市的建设对"创新"起着"如虎添翼"的作用，通过城市更高信息化水平、更高智能水平的助力，对城市的创新能力进行进一步赋能，促进第二、第三产业的产出效率的同时还可以降低污染排放，进而提升当地的土地绿色利用效率。

总的来说，已有文献大多基于传统城市发展模式视角考察经济发展、城市规模以及市场开放等宏观因素对土地利用效率的影响。事实上，在城市化进程的加速背景下，更应注重城市化进程的质量，而探索新型城市发展模式成为新时代下城市发展战略的关键。智慧城市作为一种新型城市发展模式，依托新兴的信息科学技术变革城市治理模式，不仅可以增强规模城市的集聚效应，而且可以提高城市资源配置和利用效率，破解"城市病"，从而实现城市发展的转型升级。中国已于2012年12月设立首批智慧城市试点，因此，有必要从新型城市发展模式的视角，科学评估智慧城市建设对土地绿色利用效率的影响及作用机制。

5.3 模型设定

5.3.1 模型设定

中国在 2012 年 12 月开始了智慧城市的试点工作，由中华人民共和国住房和城乡建设部颁布了《国家智慧城市试点暂行管理办法》，第一批智慧城市试点包括 90 个城市。本章把智慧城市试点政策看作一次准自然实验，采用双重差分模型（DID）定量评估智慧城市建设对城市土地绿色利用效率的影响。本章利用地级市层面的样本数据进行研究，根据双重差分模型，将智慧城市试点城市作为实验组，非试点城市作为对照组，样本数据具体的处理过程如下：①一些城市在设立智慧城市时，仅将地级市内的某个县或者区作为试点城市（如北京朝阳区），由于本章采用的是地级市层面数据，如果采用该类地级市作为智慧城市试点，则会低估智慧城市的土地绿色利用效率。因此，在数据处理的过程中将这一类城市的样本剔除。②由于 2013 年和 2014 年分别设立了第二批和第三批智慧城市，为了保证本章估计的结果是 2012 年智慧城市试点政策的净效应，因此剔除 2013 年、2014 年新设立的城市样本。双重差分模型的具体形式如下：

$$\ln GLE_{it} = \beta_0 + \beta_i(Treat_i \times Post_t) + \gamma X_{it} + \delta_t + \mu_i + \varepsilon_{it} \tag{5-1}$$

其中，i 表示城市；t 表示年份；GLE 表示城市土地绿色利用效率；Treat 为城市分组变量，若该城市是智慧城市建设试点城市取 1，否则取 0；Post 为时间分组变量，Post = 1 表示在 t 时期实行了智慧城市试点政策，Post = 0 表示在 t 时期没有实行智慧城市试点政策。由于第一批试点城市于 2012 年 12 月设立，因此将 2013 年作为政策效应发生的首次年份；X 为控制变量的集合；δ_t 为时间固定效应；μ_i 为城市固定效应；ε 为扰动项。

5.3.2 变量说明

有关被解释变量城市土地绿色利用效率的度量。Tone（2002）在传统 SBM 模型的基础上提出了非期望产出的超效率 SBM 模型，此模型同时结合了超效率模型和 SBM 模型的优点，能够将非期望产出纳入模型的同时将效率值为 1 的有效决策单元进行再分解，从而避免了有效决策单元信息的损失。模型构建为：

$$\min\rho = \frac{\dfrac{1}{m}\sum_{i=1}^{m}(\overline{x}/x_{ik})}{\dfrac{1}{r_1+r_2}\left(\sum_{s=1}^{r_1}\overline{y}^d/y_{sk}^d + \sum_{q=1}^{r_2}\overline{y}^u/y_{qk}^u\right)} \tag{5-2}$$

$$\text{s. t.}\begin{cases} \overline{x} \geqslant \sum_{j=1,\,j\neq k}^{n} x_{ij}\lambda_j\ ;\quad \overline{y}^d \leqslant \sum_{j=1,\,j\neq k}^{n} y_{Sj}^d\lambda_j\ ; \\[2mm] \overline{y}^d \geqslant \sum_{j=1,\,j\neq k}^{n} y_{qj}^d\lambda_j\ ;\quad \overline{x} \geqslant x_k\ ; \\[2mm] \overline{y}^d \leqslant y_k^d\ ;\quad \overline{y}^u \geqslant y_k^u\ ; \\[2mm] \lambda_j \geqslant 0,\ i=1,\ 2,\ \cdots,\ m;\ j=1,\ 2,\ \cdots,\ n; \\[1mm] s=1,\ 2,\ \cdots,\ r_1;\ q=1,\ 2,\ \cdots,\ r_2 \end{cases} \tag{5-3}$$

在式（5-3）中，假设有 n 个决策单元，每个决策单元由投入 m、期望产出 r_1 和非期望产出 r_2 组成，x、y^d、y^u 为相应的投入矩阵、期望产出矩阵和非期望产出矩阵中的元素，ρ 为城市土地绿色利用效率值。

根据城市土地绿色利用效率测度的内涵及其本质，参考前人的研究（Meng et al.，2008；Ding 和 Lichtenberg，2011；Wu et al.，2017；Zhu et al.，2019；Yu et al.，2019），选取如下城市土地绿色利用效率评价核心指标：①期望经济产出：考虑到城市土地利用主要是工业和商业用地，采用城市市辖区第二、第三产业的实际增加值（亿元）作为期望产出指标。为增强数据的可比性，以2004年为基期，利用GDP指数将名义产业增加值转换为可比价的实际产业增加值。②非期望污染产出：由于2010年工业烟（粉）尘排放量的口径发生变化，因此本章选择工业废水排放量、工业二氧化硫排放量以及二氧化碳排放量作为非期望产出指标，其中二氧化碳数据借鉴Chen等（2020）的研究方法计算得到。③土地要素投入：用城市市辖区城市建设用地面积（km²）表示。④资本要素投入：用城市市辖区固定资产投资（亿元）表示，以2004年为基期，利用固定资产投资价格指数，将名义固定资产投资值转换为可比价的实际固定资产投资，并采用张军等（2004）的永续盘存法，计算出历年各城市资本存量。⑤劳动力要素投入：用城市市辖区城镇单位从业人员及城镇私营和个体从业人员总和（万人）表示。2004～2017年城市年均土地绿色利用效率如图5-1所示。

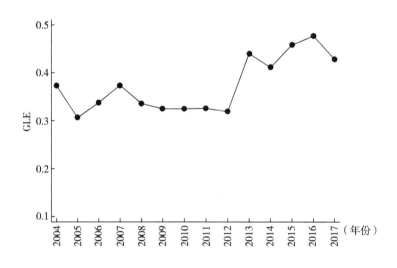

图5-1　每年效率均值变化

为了降低遗漏变量带来的内生性问题，本章还加入了一系列控制变量，包括：①经济发展水平（lnPgdp），用城市的实际人均生产总值的对数来表示。②外商投资水平（Fdigdp），用当年汇率转换计算后的实际利用外资总额与GDP 的比值来衡量。③科学发展水平（Sci），用每万元 GDP 的科学经费支出来表示。④金融发展效率（Fe），用贷款余额与存款余额的比值来衡量。⑤政府干预（Gov），用地方政府一般预算财政支出占 GDP 的比重来表示。

中介变量：①信息产业发展（Inf）：用信息传输、计算机服务和软件业单位从业人数占就业人数的比重来表示。②区域创新能力（Inno）：用各地级市每万人从业人员的专利授权数量来衡量。

5.3.3　数据来源

本章所使用的数据来自 2005～2018 年的《中国城市统计年鉴》、CEIC 数据库，其中专利数据来源于 CNRDS 中国研究数据服务平台。最终得到 2004～2017 年中国 152 个地级市 14 年的平衡面板数据，其中智慧城市试点城市有 31个。表 5-1 报告了各研究变量的描述性统计结果。

表 5-1　描述性统计

Variable	Obs	Mean	Std. Dev.	Min	Max
lnGLE	2128	−1.139	0.534	−2.659	0.668
Treat	2128	0.204	0.403	0	1
Post	2128	0.357	0.479	0	1
Inf	2128	0.011	0.009	4.29E−04	0.201
Inno	2128	19.811	26.332	0.217	244.550
lnPgdp	2128	9.359	0.544	7.662	10.842
Fdigdp	2128	0.017	0.019	0	0.182
Sci	2128	16.662	16.838	0.145	193.758
Fe	2128	0.642	0.209	0.247	5.613
Gov	2128	0.065	0.026	0.018	0.204

5.4　实证分析

5.4.1　变量多重共线性检验

（1）相关性检验。由表 5-2 的检验结果可知，变量间的相关系数不大，政府干预（Gov）和科学发展水平（Sci）的相关系数最高，为 0.552。

表 5-2　相关性分析

Variable	lnGLE	treat	post	lnPgdp	Fdigdp	Sci	Fe	Gov
lnGLE	1.000							
Treat	−0.026	1.000						
post	0.325	0.000	1.000					
lnPgdp	0.100	0.385	0.081	1.000				
Fdigdp	−0.012	0.200	−0.096	0.400	1.000			
Sci	0.170	0.213	0.348	0.278	0.213	1.000		
Fe	0.026	0.159	0.102	0.243	0.011	0.123	1.000	
Gov	0.233	0.168	0.372	0.382	0.279	0.552	0.179	1.000

（2）方差膨胀因子 VIF 分析。文中解释变量的方差膨胀因子 VIF 检验结果如表 5-3 所示，所有变量中最大的 VIF 值为 1.88，远小于 10。

表 5-3　VIF 检验结果

Variable	did	Treat	Gov	Sci	lnPgdp	post	Fdigdp	Fe	Mean VIF
VIF	1.88	1.75	1.73	1.60	1.52	1.50	1.30	1.09	1.55
1/VIF	0.53	0.57	0.58	0.63	0.66	0.67	0.77	0.91	0.66

结合相关系数和方差膨胀因子 VIF 的分析结果可知，不用担心变量间存在多重共线性问题。

5.4.2 平行趋势检验

本章使用双重差分评估智慧城市建设的政策效应，双重差分估计有效性的前提之一是实验组与控制组在接受处理前需满足平行趋势假设（Bertrand et al. , 2004；Kahn et al. , 2015），即在智慧城市提出前，控制组与实验组在土地绿色利用效率变化时间上的趋势尽可能相同，而智慧城市政策实施后，平行趋势的打破主要体现在智慧城市相对于非智慧城市在土地绿色利用效率值方面存在变化。如图 5-2 所示，在智慧城市项目实施前，试点地区与非试点地区的城市土地绿色利用效率变化趋势基本一致，而在项目实施后，试点地区的城市土地绿色利用效率值增速高于非试点地区，并在 2013 年首次超过非试点地区。因此，本章使用双重差分模型检验智慧城市政策的实施对土地绿色利用效率的影响，符合平行趋势假设。

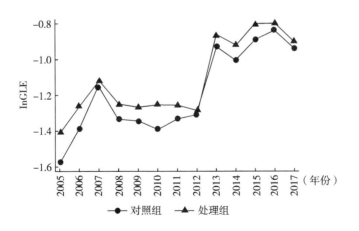

图 5-2 2005~2017 年试点地区和非试点地区的城市土地绿色利用效率

5.4.3 基准回归

智慧城市建设对城市土地绿色利用效率的影响检验结果如表5-4所示，其中，第（1）列为未加入控制变量的回归结果，第（2）列为加入控制变量的回归结果，第（3）列为政策时间效应回归结果，第（4）列为控制平行趋势下政策时间效应回归结果。表5-4的第（1）列和第（2）列回归结果显示：政策项的回归系数（Treat×Post）均在1%水平上显著，说明智慧城市建设能够显著提升市的土地绿色利用效率。从第（2）列系数的大小来看，智慧城市政策实施以后，试点城市的绿色发展效率提高了14.8%，表明智慧城市试点政策对城市土地绿色发展效率的促进作用较强。相较于未加入控制变量的回归结果，加入控制变量后模型的拟合优度明显更好。第（3）列进一步呈现了政策实施效果的时间效应，可以看到智慧城市建设对土地利用效率的政策效应呈先上升后下降的趋势，而且显著性在逐步减弱。

表5-4 双重差分回归结果

变量	（1）	（2）	（3）	（4）
	lnGLE	lnGLE	lnGLE	lnGLE
Treat×Post	0.152***	0.148***		
	（0.032）	（0.032）		
Treat×year2005				−0.076
				（0.079）
Treat×year2006				−0.021
				（0.079）
Treat×year2007				0.073
				（0.079）
Treat×year2008				0.020
				（0.079）

续表

变量	（1） lnGLE	（2） lnGLE	（3） lnGLE	（4） lnGLE
Treat×year2009				0.027
				（0.079）
Treat×year2010				−0.020
				（0.079）
Treat×year2011				0.049
				（0.079）
Treat×year2012				0.101
				（0.079）
Treat×year2013			0.164***	0.183**
			（0.059）	（0.079）
Treat×year2014			0.171***	0.190**
			（0.059）	（0.080）
Treat×year2015			0.172***	0.191**
			（0.060）	（0.080）
Treat×year2016			0.117*	0.136*
			（0.060）	（0.080）
Treat×year2017			0.113*	0.133*
			（0.060）	（0.080）
lnPgdp		0.434***	0.434***	0.443***
		（0.055）	（0.055）	（0.055）
Fdigdp		0.082	0.110	0.131
		（0.533）	（0.534）	（0.535）
Sci		0.0018***	0.0018***	0.0017***
		（6.568）	（6.601）	（6.652）
Fe		−0.072	−0.071	−0.073
		（0.047）	（0.047）	（0.047）
Gov		−1.716***	−1.734***	−1.753***
		（0.607）	（0.608）	（0.609）
_cons	−1.173***	−5.035***	−5.038***	−5.113***
	（0.023）	（0.505）	（0.506）	（0.508）

续表

变量	(1)	(2)	(3)	(4)
	lnGLE	lnGLE	lnGLE	lnGLE
N	2128	2128	2128	2128
Adj. R^2	0.274	0.302	0.301	0.300
城市效应	Yes	Yes	Yes	Yes
时间效应	Yes	Yes	Yes	Yes

注：第（4）列剔除基年虚拟政策变量避免共线性。括号内的值为标准误，＊、＊＊、＊＊＊分别表示在10%、5%和1%水平上显著。

为进一步证明本模型符合平行趋势检验，本章在表5-4第（4）列回归中加入政策实施前的时间虚拟变量，以检验实验组的时间趋势，在智慧城市试点之前，实验组的各年时间趋势回归结果并不显著，满足平行趋势假设，图5-3的结果也进一步验证了该结论。

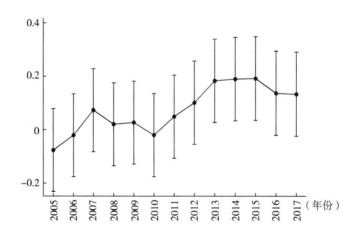

图5-3 政策动态效应

就控制变量而言，经济发展水平、外商投资以及科学发展水平均在1%水平上显著为正。这表明，经济发展水平、外商投资和科学发展水平对城市土地绿色利用效率有正向的促进作用。但是金融发展效率对城市土地利用效率的影响不显著，政府干预对城市土地利用效率起显著的抑制作用。

5.4.4 稳健性检验

（1）PSM-DID 检验。为控制处理组与对照组之间的系统性差异，降低 DID 估计的偏误，本章采用倾向匹配得分（Propensity Score Matching，PSM）的方法对两组样本进行筛选，并在此基础上进行 DID 估计。具体而言，采用 Logit 模型，以 Treat 为因变量，以经济发展水平（lnPgdp）、外商投资（Fdigdp）、科学发展水平（Sci）、金融效率（Fe）以及政府干预（Gov）为协变量，采用半径匹配方法进行稳健性检验。表 5-5 第（1）列是采用半径匹配的回归结果。结果显示，核心解释变量（Treat×Post）在 1% 水平上显著为正，与前文回归保持一致，表明回归结果具有稳健性。

（2）控制变量滞后一期。基准回归方程式的一个潜在问题是因变量可能对自变量存在反向影响，如果联立方程偏误存在，对 β_i 的估计就是有偏的。为了排除反向因果的可能性，尽可能准确评估智慧城市建设对土地绿色利用效率的影响，本章采用除虚拟变量外的所有解释变量滞后一期，重新进行回归。结果如表 5-5 第（2）列所示，政策项系数依然在 1% 水平上显著，证实基准回归结果具有稳健性。

（3）排除潜在异常值影响。为了排除样本数据存在个别异常值带来的估计偏差，本章对回归模型中除虚拟变量以外的所有变量进行了 1% ~ 99% 的缩尾处理，再进行检验，结果如表 5-5 第（3）列所示，政策项系数在 1% 水平上显著为正，依然表明基准回归结果具有稳健性。

（4）剔除省会城市。省会城市与其他地级市在经济规模、资源禀赋和创新能力方面可能有较大差距，因此本章在全样本的基础上剔除了省会城市的相关数据，进行重新估计，表 5-5 第（4）列表明双重差分项系数仍然显著为正，与基准回归结果基本一致。

表 5-5　稳健性检验

变量	（1）PSM-DID	（2）控制变量滞后一期	（3）1%~99%缩尾处理	（4）剔除省会城市
	lnGLE	lnGLE	lnGLE	lnGLE
Treat×Post	0.148***	0.149***	0.173***	0.144***
	(0.032)	(0.032)	(0.031)	(0.034)
lnPgdp	0.434***	0.345***	0.213***	0.409***
	(0.055)	(0.058)	(0.053)	(0.054)
Fdigdp	0.082	−0.296	0.920*	−1.029*
	(0.533)	(0.548)	(0.549)	(0.557)
Sci	0.0018***	0.0023***	0.0016**	0.0013*
	(6.568)	(7.152)	(7.531)	(6.655)
Fe	−0.072	−0.014	−0.162**	−0.079*
	(0.047)	(0.047)	(0.079)	(0.047)
Gov	−1.716***	−2.392***	−1.873***	−1.785***
	(0.607)	(0.612)	(0.607)	(0.603)
_cons	−5.035***	−4.499***	−2.656***	−4.761***
	(0.505)	(0.533)	(0.493)	(0.502)
N	2128	1976	2128	2030
Adj. R^2	0.302	0.329	0.171	0.304
城市效应	Yes	Yes	Yes	Yes
时间效应	Yes	Yes	Yes	Yes

注：括号内的值为标准误，*、**、***分别表示在10%、5%和1%水平上显著。

5.5　异质性分析

5.5.1　城市规模异质性

前文的分析表明，智慧城市建设对城市土地绿色利用效应有显著的促进作用。那么对不同规模的城市而言，该政策效应是否存在？如果存在，政策效应是否存在差异？从城市规模的角度而言，规模较大的城市具有经济集聚效应，资源配置和利用效率相应较高，能够促进城市土地绿色利用效率的提升。同时，规模过大的城市容易产生拥挤效应，加剧"城市病"和污染问题。因此，有必要对不同规模智慧城市的土地绿色利用效率提升效应进行检验。

基于以上分析，本章依据 2014 年国务院发布的《关于调整城市规模划分标准的通知》中的最新标准对城市等级进行划定，以城市总人口数量为准，将人口小于 50 万人的城市划为小规模城市，人口大于 50 万人小于 100 万人的城市划为中规模城市，人口大于 100 万人的城市划为大规模城市，分别检验不同城市规模的智慧城市建设对土地绿色利用效率影响的政策效应。表 5-6 的第（1）～第（3）列分别为小城市、中等城市和大型及以上城市的政策效应回归结果。回归结果显示，智慧城市建设对中小规模城市的土地绿色利用效率影响不显著。而对于大规模的城市，政策效应在 1% 水平上显著，智慧城市建设能够明显促进大规模城市的土地绿色利用效率，表明智慧城市建设对城市土地绿色利用效率的影响存在明显的城市规模异质性。进一步地，将大规模城市根据人口规模，分为大型城市、特大型及以上城市，回归结果见表 5-6 的第（4）～第（5）列。结果显示，不同类型的大城市土地绿色利用效率差异明显，大型城市智慧城市建设和特大型及超大型城市智慧城市建设均可以促进城市土地绿色利用效率的提升，但后者产生政策效应更加明显，产生这种结果的原因可能是更大规模城市发挥的规模效应以及更加合理的产业结构在此发挥了作用。

表 5-6　城市规模异质性分析

变量	（1）	（2）	（3）	（4）	（5）
	小城市	中等城市	大型及以上城市	大型城市	特大型及以上城市
人口数	小于 50 lnGLE	50～100 lnGLE	≥100 lnGLE	100～500 lnGLE	>500 lnGLE

续表

变量	(1) 小城市	(2) 中等城市	(3) 大型及以上城市	(4) 大型城市	(5) 特大型及以上城市
Treat×Post	1.209	0.168	0.154***	0.128***	0.238***
	(0.749)	(0.173)	(0.033)	(0.036)	(0.063)
lnPgdp	2.515	0.447**	0.387***	0.195***	0.257
	(1.829)	(0.222)	(0.059)	(0.060)	(0.182)
Fdigdp	42.673	1.938	0.001	-0.013	1.849
	(74.705)	(1.807)	(0.564)	(0.566)	(1.877)
Sci	-0.127	-0.001	0.002***	26.363***	0.005***
	(651.691)	(25.105)	(7.052)	(8.984)	(18.581)
Fe	-0.933	0.411	-0.071	-0.124	0.013
	(1.778)	(0.263)	(0.048)	(0.095)	(0.054)
Gov	8.295	3.945	-1.473**	-1.985***	-0.110
	(9.119)	(2.827)	(0.638)	(0.675)	(2.146)
_cons	-25.601	-5.632**	-4.633***	-2.471***	-3.808**
	(16.961)	(2.141)	(0.542)	(0.572)	(1.661)
N	23	91	2014	1454	496
Adj. R^2	0.511	0.307	0.309	0.138	0.426
城市效应	Yes	Yes	Yes	Yes	Yes
时间效应	Yes	Yes	Yes	Yes	Yes

注：括号内的值为标准误，*、**、***分别表示在10%、5%和1%水平上显著。

5.5.2 城市特征异质性

智慧城市建设主要依靠新兴信息技术，如物联网、大数据和人工智能，以增强对市场信息的感知能力。而人力资本、金融发展与信息基础设施是保障新兴信息技术发展的关键，可以最大限度地促进智慧城市建设有序发展。基于此，本章从人力资本、金融发展与信息基础设施三个方面出发，就城市发展特征对智慧城市建设的土地绿色利用效率提升效应进行异质性分析。具体而言，由于城市一级数据缺乏准确衡量城市人力资本的指标，因此本章选取城市每万人大学生数反映人力资本水平。同时，采用金融机构存贷款余额占 GDP 的比重来衡量金融发展水平，并结合互联网宽带接入用户数衡量信息基础设施水平。此外，分别将各指标按照中位数值分为高、低两组进行分类检验。

表 5-7 第（1）~第（2）列分别为低人力资本水平城市组和高人力资本水平城市组的回归结果。结果显示，在人力资本水平高的城市，政策效应系数为 0.239，且系数在 1% 水平上显著为正，但在低水平人力资本城市，政策效应不显著。表明在人力资本水平高的城市，智慧城市建设的土地绿色利用效率的提升效应更为明显。第（3）~第（4）列分别为低金融发展水平城市组和高金融发展水平城市组的回归结果。结果显示，在高金融发展水平城市，智慧城市建设对城市土地绿色利用效率的影响系数在 1% 水平上为正，且影响系数最大，表明金融发展水平特征在智慧城市建设中对土地利用效率的影响最大，可能的原因是金融发展为智慧城市建设提供了充足的财力保障，进而为提升土地绿色利用效率提供金融支持。第（5）~第（6）列分别为低水平信息基础设施城市组和高水平信息基础设施城市组的回归结果。结果显示，只有在高水平信息基础设施的城市中，智慧城市建设的土地绿色利用效率提升效应明显，因此，智慧技术赖以发挥作用的信息基础设施建设越完善，就越能为智慧城市建设促进土地绿色利用效率提供技术保障。

表 5-7 城市特征异质性分析

变量	（1）	（2）	（3）	（4）	（5）	（6）
	人力资本		金融发展		信息基础设施	
	低	高	低	高	低	高
	lnGLE	lnGLE	lnGLE	lnGLE	lnGLE	lnGLE
Treat×Post	−0.196**	0.239***	−0.073	0.310***	0.083	0.191***
	（0.077）	（0.034）	（0.056）	（0.044）	（0.074）	（0.036）

变量	(1)	(2)	(3)	(4)	(5)	(6)
	人力资本		金融发展		信息基础设施	
	低	高	低	高	低	高
	lnGLE	lnGLE	lnGLE	lnGLE	lnGLE	lnGLE
lnPgdp	0.388***	0.648***	0.348***	0.506***	0.460***	0.727***
	(0.085)	(0.073)	(0.090)	(0.083)	(0.084)	(0.095)
Fdigdp	-1.467	1.861***	-0.322	-0.148	-0.519	2.299***
	(0.985)	(0.661)	(0.860)	(0.747)	(0.875)	(0.759)
Sci	0.003	0.0004	0.0007	0.0012	0.004***	-0.0005
	(16.909)	(6.652)	(14.899)	(8.239)	(13.877)	(8.533)
Fe	-0.121	-0.022	-0.244**	-0.008	-0.170	-0.001
	(0.116)	(0.048)	(0.112)	(0.053)	(0.107)	(0.045)
Gov	0.394	-3.345***	-1.863*	-1.139	-0.618	-2.435***
	(0.981)	(0.756)	(1.001)	(0.842)	(0.882)	(0.923)
_cons	-4.488***	-7.218***	-4.109***	-5.762***	-5.098***	-7.981***
	(0.761)	(0.700)	(0.832)	(0.768)	(0.763)	(0.902)
N	1064	1064	1064	1064	1064	1064
Adj. R^2	0.167	0.436	0.297	0.242	0.018	0.412
城市效应	Yes	Yes	Yes	Yes	Yes	Yes
时间效应	Yes	Yes	Yes	Yes	Yes	Yes

注：括号内的值为标准误，*、**、***分别表示在10%、5%和1%水平上显著。

5.6　传导机制检验

上述实证分析验证了智慧城市建设能够显著提升试点地区的土地绿色利用效率。那么，智慧城市建设促进土地绿色利用效率的机制是什么呢？经研究表明，信息产业发展和区域创新能力在智慧城市建设提升土地绿色利用效率中发挥了重要作用。一方面，智慧城市建设需要信息产业发展作为支撑，与此同时，智慧城市建设刺激新兴产业的需求，带动信息产业发展，从而加快产业结构升级，提升城市绿色发展效率。另一方面，智慧城市建设运用现代信息技术推动城市发展模式创新，而创新发展模式会促进高端人才、高新企业、研发资本等创新要素的集聚，全面提升当地的技术创新水平，从而提升城市的核心竞争力，加快城市的可持续发展。为了检验这一机制，本章借鉴 Baron 和 Kenny（1986）、Papyrakis 和 Gerlagh（2007）、Groizard 等（2015）的研究思路，检验信息产业发展效应和区域创新能力提升效应在智慧城市建设对土地绿色利用效率提升效应中的传导机制：

$$\mathrm{Med}_{it} = \alpha_0 + \phi_i(\mathrm{Treat}_i \times \mathrm{Post}_t) + \beta_i X_{it} + \delta_t + \mu_i + \varepsilon_{it} \tag{5-4}$$

$$\mathrm{lnGLE}_{it} = \alpha_0 + \gamma_i(\mathrm{Treat}_i \times \mathrm{Post}_t) + \theta_i \mathrm{Med}_{it} + \beta_i X_{it} + \delta_t + \mu_i + \varepsilon_{it} \tag{5-5}$$

其中，Med_{it} 为机制变量，代表智慧城市建设影响土地绿色利用效率的信息产业发展效应与区域创新能力提升效应两条传导路径。ϕ_i 表示智慧城市建设对机制变量的作用效应。θ_i 表示机制变量对智慧城市建设的作用效应。γ_i 表示加入传导机制后，智慧城市建设对土地绿色利用效率的作用效应，其他变量设置与模型（1）保持一致，回归结果如表 5-8 所示。

表 5-8　智慧城市建设对土地绿色利用效应的传导机制检验

变量	(1)	(2)	(3)	(4)
	Inf	lnGLE	Inno	lnGLE
Treat×Post	0.002 **	0.136 ***	7.845 ***	0.126 ***
	(0.001)	(0.032)	(1.575)	(0.032)
Inf		7.198 ***		
		(0.946)		
Inno				0.003 ***
				(0.000)

续表

变量	(1)	(2)	(3)	(4)
	Inf	lnGLE	Inno	lnGLE
lnPgdp	−0.001	0.444***	−11.349***	0.465***
	(0.001)	(0.054)	(2.654)	(0.054)
Fdigdp	0.026**	−0.104	90.528***	−0.168
	(0.013)	(0.526)	(25.888)	(0.530)
Sci	−0.000	0.002***	0.694***	−0.000
	(0.155)	(6.478)	(319.206)	(7.255)
Fe	−0.002*	−0.056	3.708	−0.082*
	(0.001)	(0.047)	(2.292)	(0.047)
Gov	0.027*	−1.913***	−94.382***	−1.455**
	(0.014)	(0.599)	(29.479)	(0.603)
_cons	0.023*	−5.202***	105.817***	−5.328***
	(0.012)	(0.499)	(24.558)	(0.503)
N	2128	2128	2128	2128
Adj. R^2	−0.041	0.321	0.548	0.314
城市效应	Yes	Yes	Yes	Yes
时间效应	Yes	Yes	Yes	Yes

注：括号内的值为标准误，*、**、***分别表示在10%、5%和1%水平上显著。

表5-8的第（1）~第（2）列为信息产业发展效应的传导机制检验结果。结果显示，智慧城市建设对信息产业的影响系数在1%水平上显著为正，即智慧城市的建设能显著促进信息产业的发展。第（2）列的结果进一步表明，智慧城市建设可以通过带动信息行业发展从而促进城市土地绿色利用效率的提升。表5-8的第（3）~第（4）列为创新能力提升效应的传导机制检验结果。第（3）列的结果显示，智慧城市建设对区域创新能力的影响系数在1%水平上显著为正，即智慧城市的建设能显著促进区域创新能力提升。第（4）列的结果进一步表明，智慧城市建设可以通过提高区域创新能力从而激励城市土地绿色利用效率的提升。

5.7 结论和政策启示

　　智慧城市建设是国家提升城市发展质量的重要举措，而如何准确评估智慧城市建设对土地利用效率的影响，是具有现实意义的问题。为此，本章基于2004~2017年中国285个地级市面板数据，利用双重差分法实证检验智慧城市建设对城市土地绿色利用效率的影响。本章结论表明：①智慧城市建设显著地促进了城市土地绿色利用效率，平均而言可以提升约15%。②城市规模异质性结果表明，城市规模越大，智慧城市建设对土地绿色利用效率的提升效应就越明显。③城市特征异质性结果表明，在人力资本水平、金融发展程度和信息基础设施水平较高的城市，智慧城市建设的土地绿色利用效率提升效应明显，且在金融发展水平较高的城市政策效果最优。④机制检验表明，智慧城市建设可以通过信息产业发展效应和区域创新能力提升效应影响城市土地绿色利用效率。

　　本章研究结论的政策含义在于：①政府应扩大智慧城市建设试点规模，积极推进新型城市发展模式，提高中国城市发展质量。政府需要发挥政策调控的作用，借助大数据等创新资源实现资源共享，加快智慧城市建设的同时注重环保，提升城市土地绿色利用效率。②充分考量城市发展的异质性，依据城市规模、城市特征等因素，因地制宜地开展智慧城市建设工程。智慧城市建设工程的实施并非是在所有城市"一刀切"，而是在人力资本、金融发展和信息基础设施水平发展到一定程度的城市优先实施，这时智慧城市的政策效果最优。③加快信息产业发展、优化城市产业结构，同时依托人工智能、云计算等信息技术提升城市创新水平，助推智慧城市建设。政府要扮演好公共服务提供者的角色，做好创新研发平台的搭建，以提供优良的科研创新研发环境，提升区域创新能力。此外，不断优化制度营商环境，为信息化产业的发展提供制度保障。

6 企业层面：数字经济时代的组织创新

——"平台＋团组"

6.1 引言

互联网和电子商务在中国的发展已超出多数发达国家，这为中国企业的后来居上、转型超越创造了难得的机遇。但是现在多数企业的 O2O（线上线下）战略，还是基于传统的工业时代路径，没有意识到这是一个时代的转型，必须从组织、战略上进行根本性的变革。小众市场对大众市场的取代，使传统的 B2C 的大规模生产模式已经过时，嗅得先机的企业已经率先崛起，如韩都衣舍以高效的线上模式打败低效的线下企业，迅速成为服饰网商第一品牌。这一切让我们认识到，一个基于兴趣、爱好和价值观的新部落时代已经来临，部落在上、企业在下的新价值观取代了企业中心主义，不能创造价值观、引领小众群体的企业将逐渐成为过去式。

平台化是电商时代企业发展的一个趋势。以往研究平台企业的理论基础是 Armstrong（2006）提出的双边市场理论，用户获得的效用水平会随着能够接触到的另一类用户规模的上升而提高，这种规模效应就是双边市场理论中最重要的交叉网络外部性。Evans 和 Schmalensee（2007）提出产业平台可利用其庞大的用户基数、网络正反馈效应向其他产业扩展，获取规模性经济与范围性经济。Brusoni 和 Prencipe（2006）指出平台企业要实现平台本质功能，关注解决实质性问题的模块。陈威如和余卓轩（2013）研究了平台生态圈的机制设计。冯华和陈亚琦（2016）探讨了平台商业模式的创新过程。李雷等（2016）提出基于平台生态圈生命周期中不同阶段的运营策略。白景坤等（2017）以淘宝网为例研究了平台企业网络自组织形成的机理。这些研究多数关注中间性、交易性的平台等，而现实中更为急迫的是中国制造业企业如何利用互联网思维改造自身，从生产本位向创新本位转化，从控制为主向平台支持为主转化。

也有学者将平台的研究从交易环节延伸到制造环节。Gawer（2009）提出内部平台、产业链平台和产业平台，拥有技术优势的核心企业可吸引附属企业为其服务。Gawer 和 Cusumano（2014）将平台分为两类：内部或公司专用的平台，以及外部或行业范围的平台。Meyer 和 Lehnerd（1997）、Muffatto 和 Roveda（2002）认为，内部（公司或产品）平台可基于共同结构衍生出一系列产品，如供应链的研发平台，目标是提高效率和减少成本；外部（产业）平台为外部公司提供基础商业生态系统服务（Gawer，2009；Gawer & Cusumano，2002）。Cusumano（2010）提出构造可提供多个类型产品的共同基础——平台设计技术系统。Hatchuel 等（2009）认为，平台可通过顶层设计、底层设计和派生演化三种方式来实现，前两种适用于一体化或稳定性产业，适合工业时代；后者指互联网平台，互联网环境不确定性高，这种平台只能通过派生演化得到。如小米起步于手机，韩都衣舍起步于代购，现在小米有小米商城，韩都衣舍定位于二级生态运营商，既是产品平台，又是虚拟平台；既有交易性平台的支持优势，又有传统制造业平台所缺少的灵活性。这种灵活性，主要通过小组或小前端的方式表现出来。

华中生（2013）认为，人类社会的经济形态逐步从"工业化"迈向"服务化"。格雷和沃尔（2014）提出企业由产品主导思维向服务主导思维转变。安德森（2015）认为，长尾曲线对应的"小众市场"逐渐成为主流，而基于用户部落驱动的 C2B 模式已经来临，小前端、大平台、富生态的新型商业格局正在形成（白景坤等，2017）。阿里研究院（2015）提出"大平台+小前端"：以云平台支持前端的灵活创新，以内部多个小前端实现与外部多种个性化需求的有效对接。从工业时代"小品种、大批量"的规模经济向"多品种、小批量"的范围经济转化，组织规模逐渐走向小微化——生产碎片化、需求多样化、企业小型化。多个小前端对应多种个性化需求，现代企业发展的方向是赋能，而非雇佣，员工使用的是企业的公共服务。后台标准化、统一化、模块化与不同程度的前台个性化相组合，呈现出分布式、自动自发的治理。索尼前董事长出井伸之认为，互联网基因的公司能够贴近消费者，深刻理解用户需求，传统的产品公司将沦落为这种用户平台型公司的附庸。

由以上研究可知，电商环境下的企业正在由制造为主向服务、创新为主转变，不少学者认识到了这种转变的重要性和必要性；认识到了"大平台+小前端"组合适合创新的特点，以对应多样化的需求。但是，第一，企业需要由传统金字塔式的部门制向适应互联网思维的企业组织方式转型，没有这一步，是无法实现"平台+前端"的创新的，这是从工业时代向网络时代的转型。企业难以转变的关键在于其没有认识到小众市场背景下用户主导的部落时代重新来临，本章将对这一问题进行深入研究。第二，进一步的问题就是小前端如何创新、与平台之间功能如何界定、怎么配合、如何实现快速创新；促进中小企业集群快速创新的机制，如何从区域地理空间转移到网络空间、从企业外部转移到企业内部。对以上问题的研究将是本章的重点，以期探求平台和小前端之间合作、创新的内在机理。

6.2 三种时代的变迁与新部落时代

6.2.1 新部落时代

6.2.1.1 小众崛起与大众衰落

安德森（2004）首次提出长尾理论，认为小众市场将打破大众市场的垄断，只要存储和流通的渠道足够大，销量不大的利基产品所共同占据的市场份额可以和少数热销产品相匹敌，众多"小众市场"可汇聚成与主流"大众市场"相匹敌的市场能量。长尾的出现与三种力量相关：生产普及（使内容更多，长尾更长）、传播普及（获得利基产品的途径更多，长尾扁平化）和供需相连（推动需求曲线向右移动，将需求从热门产品推向利基产品）。工业经济时代的"长尾需求"其实一直存在，但受制于渠道、供给等而被抑制。以往热门产品切断了需求曲线的长尾，但是被压制的长尾需求从未消失，一旦条件合适，还会涌现出来。例如，福特"U"形组织向通用"M"形组织（事业部制）的发展，进而到丰田精益生产组织的进化，都是工业时代大规模生产方式灵活性的增加，是对长尾需求的部分适应，但仍然不能突破大企业主导的生产中心主义。

随着生产力的发展，获得利基产品的成本在逐渐下降，许多在线市场已经有能力供应空前丰富的产品，这样就把需求推向了长尾的后端，需求曲线扁平化。众多个性化的"小众市场"汇成个性化需求的汪洋大海，打破了传统热门产品、"大众市场"的垄断。与长尾需求、小众市场的发展相对应，传统机械式企业的部门制慢慢走向解体。

工业时代的大规模生产解决了人们的物质需求，同时催生出潜藏在内心深处的精神归属的需求，人们需要重新界定自己在世界上、宇宙中的价值意义（我是谁，从哪里来，到何处去），消费者同样需要一个有共同兴趣爱好和价值观的群体（部落）。技术和经济的发展为消费者的精神追求创造了条件，人们需要寻找属于自己的精神部落。长尾曲线引发了品种和选择的大爆炸，把人们卷入了"部落"的漩涡。安德森指出，每个人在一定意义上都是某方面的"另类"，不管自以为多么主流，其对"另类"兴趣领域的投入之深，远超其他领域（阿里研究院，2015）。不管是小众还是大众，在多元化的道德面前都是平等的，因为小众市场可以变为大众市场，另类可以发展为主流。过去小众被淹没在大众化的潮流里，而当代各种社交工具的发展使有着相同兴趣爱好的人很容易聚合成小众群落，所谓的"大众"就消失了。

6.2.1.2 新生活运动与新部落时代

互联网生态下的消费者行为正从个人行为转变为群体行为，人们正在重新寻找"社会自我"的定位。马斯洛需求层次理论的底层是物质性需求，高层次则是社交和自我实现等精神性需求。马克思说，人在本质上是一切社会关系的总和。人们对于产品带来的社会地位、自豪感及新奇性等无形的精神性需求甚至高于有形的产品本身的功能性需求。你是哪个部落、你的精神属于哪个境界，变得更为重要，从这个意义上来说，"小众市场"的价值远远大于"大众市场"。互联网的发展使人们可以接触从未谋面但志趣相投的人，形成独特文化的兴趣部落，每个人可以同时属于多个不同的"部落"。这更像是一场新生活运动，每个人都在寻找与自己有相同喜好的人，组成自己的部落，摆脱现代组织的僵化控制，找到生活的感情归宿。不同的小众代表着不同的世界，小众世界不同，即使近在咫尺也如同相隔万里之遥。

1974 年，美国史学家布尔斯廷提出消费社群（Consumption Community）概念，用以描述使用某一产品、品牌的人群关系。Muniz（1996）、Gninn（2001）提出品牌社群的概念，成员对品牌和社群有更高的认同感，通过彼此联系而获得满足。社群在互联网时代又有新发展，可以称之为"部落"，粉丝因为网络社交工具的便利性，很容易集聚为一个部落。乔尔指出信任经济是一种倾向于大众而非公司的经济，他所称的社区就是部落，没有社区将很难有成功的企业。社区是新的受众、新的货币、新的大众传媒，它符合人类的本性。与共同价值观的人进行交流，通过网络渠道赋予了企业管控品牌的力量。

消费社群和品牌社群带有工业时代的影子，企业或品牌的影响大，难以实现用户的反向定制。而互联网背景下的新式部落更加强调价值观、兴趣认同而聚合为部落，更加主动追求自己幸福感的满足，积极推动企业反向定制产品的创新，创新就是其生活本身。小米基于"软件、硬件、互联网三合一"的铁人三项而迅速成功（2010 年创立），这是其技术背景，而小米的商业生态则是"文化、产品渠道与部落粉丝"的三位一体。小米的品牌是"米粉"的，而非小米公司，小米公司只是"米粉"部落反向定制产品的提供者。

互联网社交工具的发展让人们重新回到了部落时代，但这种部落不同于传统的部落，是基于网络发展而来的。人们通过网络重新集聚为部落（不同于旧部落，可称为新部落），创造着新的社会群体，成为互联网新社会的入口。不同的群体有权享受专属于这个群体的独特产品，这是对小众和个性化的尊重。企业聚焦于新部落（有的称为社群），既符合人性，也符合商业逻辑，也就是说同时关注到了效率和情感的双重需要，因此这种商业伦理更加符合人性。生产者中心主义被打破，用户主权得以确立，小众越来越相信自己的同类而非企业；企业必须顺应潮流，与用户共建文化群落，并成为其产品和服务的提供者。

现在我们又重新迈入一个新部落层出不穷的时代，这是一个主流市场持续分化、小众品牌层出不穷的时代。个性化从以前的不被主流文化所容纳，到现在的几乎成为标配（只是选择哪种的问题）。企业中心主义被用户中心主义取代，企业品牌被用户品牌所取代，用户口碑取代工业时代的广告，成为企业获取美誉度、忠诚度的主要方式。工业时代的责任感、信任、忠诚作为稀缺品而存在。舍基（2015）提出未来是"湿"的，即包含着人情味。鲁迪·卢克1998 年在《湿件》中首次提出湿件（wetware），主张关注人的特性。这是时代商业模式的大变革，小米、韩都衣舍等成为由用户口碑造就的新知名品牌，其崛起的速度大大出乎传统企业的预料。对于"人"的特性的关注和满足、塑造有灵魂的用户品牌（如韩都衣舍强调基于灵魂人物的人格化营销），都是满足部落粉丝的内在需求的结果。基于部落群体的"用户反向定制"，正逐渐从偶然性演变为常态。

6.2.2 工业时代向新部落时代的演化

6.2.2.1 时代差异的本质是经济交换与社会交换的不同

阿里研究院（2016）指出，"商家—客户"互动关系主要是经济交换，"消费者—消费者"的互动关系主要是社会交换，这是一种"情"的交换。经济交换有着明确的利益要求，社会交换就只是好感与认同，社会交换把消费行为还原为人本身的情感。利益不过是社会交换中的特殊部分，人类的社会行为远比利益丰富。

工业时代大规模生产发展的结果，催生出互联网和社交媒体，动摇了工业时代的生产者中心地位，消费者在历史上第一次获得消费主权，大众市场的标准化转变为小众市场的个性化，消费者个性得到极大解放。消费者可以按照兴趣爱好形成形形色色的部落，这时期社会交换水平高，经济交换处于次要地位，如表6-1所示。生产中心主义让位于消费中心主义，为原先被压抑的多样化情感需求的满足提供了前所未有的机遇，为兴趣部落的重建创造了条件，人们之间的情感联系、情感黏度在网络空间内大大提高，弥补了现实生活中社会资本的贫乏。互联网创造了一种新生活，可称之为"新部落时代"。社会交换成为常态，而且其发展越来越有取代经济交换的趋势。

表6-1　三种时代的社会交换与经济交换

	部落时代	工业时代	新部落时代
社会交换	较高（主导地位）	较低	高（主导地位）
经济交换	低	高（主导地位）	较高

基于社会交换和经济交换的不同，可以将从原始社会至今的历史分为三个阶段：部落时代、工业时代和新部落时代。如表6-1所示，原始部落时代以社会交换为主，当时生产力极不发达，没有剩余产品，经济交换微乎其微。奴隶社会、封建社会手工业发展，剩余产品增加，经济交换的水平在发展，社会交换水平虽然下降，但依然处于较高程度。工业时代生产力水平迅速提高，经济交换高度发达，代价是人与人之间情感的剥夺，即社会交换处于低水平。

工业时代的企业与客户之间是经济交换，新部落时代企业与用户、用户之间的互动关系是社会交换。互联网复活了各种兴趣部落，社会文化越来越多元化。这是一个伟大的社会解放，其最大的特点是把创新当成一种生活去经营，创新者的生活主导创新，生活就是创新，创新就是生活。适应了这种发展趋势的公司就会参与其中，创造平台，为用户服务。

新旧部落时代的部落的相同之处是二者内部的联系都以情感纽带为主；不同之处是新部落时代是以兴趣、价值观相似的文化所产生的情感联系为主，旧部落时代是以血缘产生的情感联系为主。就消费者而言，新部落时代的消费者因为兴趣爱好相近而逐渐形成网络集聚，企业员工也强调价值观和文化的一致而聚合在一起工作。

6.2.2.2 情感和效率视角下的时代演化

人类祖先最早创立的不是国家、企业，而是部落。随着生产力的发展，是国家、企业等现代化组织出现。部落注重血缘情感的联系，而现代组织注重效率，互联网的发展使人们的情感联系又重新得以加强，重塑了企业的商业模式。因此，可以按照情感和效率两个维度分析人类社会的演进。

如图6-1所示，人类最初是部落时代，生产效率低，部落内部只能采取原始共产主义的方式才能生存下去。人们之间以情感联系为主，通过原始宗教、血缘等纽带联系起来，几乎不考虑效率。奴隶社会、封建社会时期的"手工生产阶段"作为工业时代之前的过渡阶段，走向了强调效率而弱化情感的道路，经济交换在增加（注重效率逻辑），直到工业时代大规模生产的效率达到顶峰，情感黏度也达到低谷。部落时代被工业时代替代的结果是，人际关系的演进被效率的演进所替代，小众与个性化被大众和标准化所替代，情感与价值多样化的人被单向化为客户。工业时代的"以人为本"实际是"以客户为本"、以利润为本，消费者属于从属地位。这是"部落时代→工业时代"的演化。

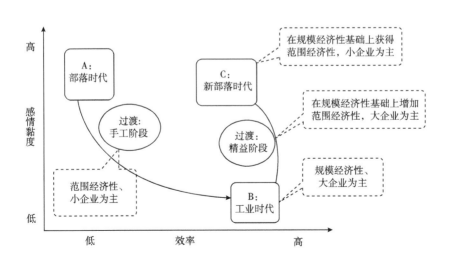

图6-1 三种时代演化及企业所获经济性的不同

手工阶段的情感联系纽带依然较强，手工业者与顾客的联系比较密切。但到了工业时代，产销严重分离，效率提高的代价是人与人情感联系的极大弱化。标准化扼杀了人们多样化的情感需求，而导致物质和精神关系失衡，人们重新寻求情感联系的增强。此后精益生产方式在不降低效率的基础上增加灵活性，自主团队的增多使企业与用户的互动增多，情感黏度在增强，但这仍然是大规模生产基础上的调整，企业整体上仍然是机械式的科层制。

部落时代对于人的情感的关注，在几千年后的新部落时代重新复苏，而且更加强烈。互联网技术、社交工具的发展，成为人们加强情感交流的关键。新部落时代的多元化生态与工业时代的标准化生态完全不同，人们从大众消费中解放出来，进入小众时代、个性化消费时代。企业服务的对象是文化群、某类人，而不是某个人（标准化生态下的消费者类似于布朗运动中的原子）。互联式企业的使命和出发点，就是从兴趣、信仰出发去建设文化部落，成为部落平台的提供者和参与者，这是一种新的消费民主模式。新部落时代摆脱了以客户为中心的效率逻辑，回归到以人为中心的生命逻辑上。在不降低效率的基础上，重建了人们之间的情感联系。这是"工业时代→新部落时代"的演化。

如表6-2所示，总结三种时代的生存逻辑、核心理念与治理的不同：部落时代是生存逻辑，以生存为本（生存本位）；工业时代是商业逻辑，以客户为本（利润本位）；新部落时代是生命逻辑，以人为本（幸福本位）。就治理的不同而言，部落时代是酋长主导，工业时代是企业主导，新部落时代是用户主导。

表6-2　三种时代的主要逻辑与核心理念

	部落时代	工业时代	新部落时代
主要逻辑	生存逻辑	商业逻辑	生命逻辑
核心理念	以生存为本	以客户为本：实际以利润为本，客户是工具	以人为本：以人幸福感为本，人是目的
治理	酋长主导	企业主导	用户主导

6.3 互联式企业"平台+团组"的治理架构及创新优势

6.3.1 互联式企业"平台+团组"的治理架构

互联网背景下，社交工具催生的小众部落对传统组织提出了挑战。按照科斯的交易成本理论，企业规模的扩张会有临界点，又称为"科斯天花板"，其是雇员增加导致新增的管理成本正好与新增利润相抵消的点。舍基提出了"科斯地板"，即当交易成本缓慢下降时，大企业会扩大规模，小企业会更有效率；当交易成本大幅下降时，各类松散群体兴起，因低成本大规模协调的实现，取得了远比正式组织多的绩效，此前它们好似藏在"科斯地板"底下。多种社会化工具促成了松散结构的群体可以不受管理层的指挥而运行，按照难度级别分别有共享、合作和集体行动三个层次。大企业的"去中心化"、消除"大企业病"，加快了一线城市的反应速度，呼唤一种新的组织结构。

新部落的涌现推动着企业结构从适应"标准化"向适应顾客互动转变，一线员工有权对服务进行修改，应对顾客喜好的变化。这就需要打碎传统的部门，分解为一个个的团组。团组不同于团队，是"子"整体结构（holarchy），该系统中的每个组件又自成一个完整的系统。工业时代的部门式设计以效率为目标，而在新部落时代，效率已经不是第一目标了，用户需要的是创新，第一线（互动线）对应的是团组，而非部门。每一个团组都能提供一项完整独立的服务，其关注的重点是用户而非上级，每个团组各自独立运作。互联式企业是一个分布式的组织，自适应体系，能够持续对环境变化做出响应（阿里研究院，2016）。机器没有目标，生物生来就具有目标，可以根据环境反馈来学习。

如图 6-2 所示，团组是"企业中的小企业"，互联式企业是团组化（pod）组织，可以实现快速创新。团组化的体系比传统模式的冗余更多，成本更高，但因为增加了容错度，抵抗风险和创新的能力也更强。调查显示，团组的效率比传统团队高三到五成（华中生，2013）。团组和传统的团队不同：①地位与内涵不同：传统团队按部门划分居多，一般针对本部门任务，偶尔有为临时性任务而组建的；团组是企业中的小企业，主要对外，自我管理，可以代表整个企业行动。②追求目标不同：传统团队追求效率，但可能距企业整体目标越来越远；团组是以追求创新为主。③灵活性不同：传统团队权力有限，部门间协调困难，很难适应外部变化；团组具有极高的灵活性和适应能力，具有自适应的学习能力。

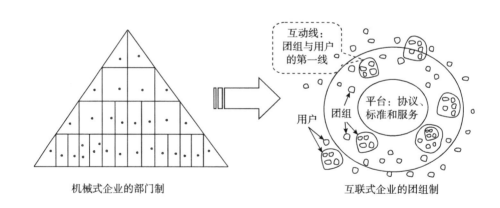

图 6-2　机械式企业的部门制与互联式企业的团组制①

团组需要平台的支持。平台是支持架构，让团组生活更简单。平台就是增

---

①　图片改编自《互联网思维的企业》。

进群体能力的支持架构，和传统的管理架构不同，其是支持，而非控制。Fa-cebook 和亚马逊提供基础服务，但不妨碍创新，亚马逊的商家可以销售任何满足基本政策要求的商品。平台和团组类似于前台和后台，前台必须能够兼容很多的变数，后台注重的是一致性和可靠性。例如，亚马逊用标准和控制来经营后台，并在前台保持最大的灵活度。

科层制企业的"部门制"应转变为互联式企业的"团组制"。文化和技术标准是构成平台的主要成分。团组是灵活的，而构成平台的文化和价值观应具有一致性，而非灵活性。团组成员依靠价值观即可迅速决策，无须请示；团组内部交流是灵活的，但相互交流须用共同语言。平台越轻量、提供信息越多，团队就越能自我管理。共享架构和共通标准可以让企业更关注特色服务或产品的创新，平台可以支持团组工作，让组织以几何级数扩张。团组网络就像分布式体系、大规模并行处理系统；团组会在不同状况、环境下与客户互动；团组利用共享平台能对比各自的经验，共同学习，并跟踪工作所需信息。美国全食超市（Whole Foods）的平台为员工提供其他门店和商品的信息，还按销售额、增长率、利润率排序。海尔的平台化同样为自主经营体创业提供了便利，企业会将自身看作平台，内部员工组成类似小企业的创新小团体，海尔8万名员工转变为2000多个自主经营体的动态网状组织，这种组织实际上也是团组制的。

6.3.2 机械式企业与互联式企业创新的差异

新部落时代"服务即体验"。工业时代绝大多数制造业、服务业对顾客也采取了流水线处理的方式，而互联式企业必须把重心放在客户和体验上。需要从"产品主导思维"转变为"服务主导思维"：前者把生产当作创造价值的核心环节，后者把服务当作创造价值的核心环节。服务与情景紧密相关，过程的体验比最终的产品更重要。工业时代的客户体验是纵向的（B2C），企业在上、消费者在下；新部落时代的互动体验是横向的（C2B），部落在上、企业在下。

工业时代以优化生产线为目标，因害怕用户参与会增加复杂度，只能单向，难以互动；新部落时代以大力发展互动线和最前线为目标，适应用户个性化的诉求，提升其互动体验，用户由以前的被动消费者转变为积极消费者，在生产过程中的参与度大大提高。

互联式企业与机械式企业的区别如表 6-3 所示。互联式企业的"第一线"（互动线：客户和企业互动的界面）优于机械式企业的"生产线"，二者应对变化的思维完全不同：工厂化思维是降低变数，互联式思维是接纳变数。现代快速变化的环境中需要的不是标准化的流程式控制，而是创新、试错和探索。

表 6-3　互联式企业与机械式企业的异同

	核心	应对变化的思维	控制体系	组织特征	追求目标	创新特点
机械式企业	优化"生产线"	工厂化思维：降低变数	封闭式；集权式	金字塔式的科层制	追求效率（但可能距整体目标越来越远）	集中式、线性创新，用户难以参与创新
互联式企业	发展"互动线"	互联式思维：接纳变数	开放式；分布式	"平台+团组"（团组是子整体结构）	追求创新（生物式自适应能力）	团组竞争的集群式创新；非线性、分布式，风险低

就控制体系而言，机械式企业是封闭式、集权式的；互联式企业是开放式、分布式的，方便与用户互动。组织特征不同，前者是金字塔式的科层制，后者是平台支撑下的团组制；前者是效率导向，后者是创新导向；前者是降低变数应对变化，后者是接纳变数以适应环境变化。就创新而言，机械式企业是以集中式、线性创新为主，用户难以参与创新，创新风险高；互联式企业积极接纳、鼓励用户互动、参与创新，快速迭代，非线性、分布式创新，团组之间的竞争容易形成集群式创新的良好局面，分散创新风险。如小米创始人雷军强调，用户的"参与感"是关键，要创造条件让用户方便参与、乐于参与。必须把权力交给一线直接和客户打交道的人员和部门，组建团组，直接面对客

户，企业则成为支持网络（即平台）。

企业由金字塔式向互联式企业"平台+团组"转变。因为不同于科层制金字塔式的自上而下的权力控制，新部落式的互联式企业不强调权力控制，领导主要是打造一个服务平台，员工借助这一平台更好地为消费者服务。于是科层式的部门制被打破，而分化为一个个团组式的小微企业，在企业提供的平台上自主开展活动，这实际上是将决策权下移一线。互联式企业好比生物体，一个个团组成为细胞，能够敏锐感知外在市场（用户）的细微温度变化，自主调整服务以适应环境变化。企业只是创建了一个服务平台和治理体系，团组作为一线主角随时随地与顾客互动，团组之间展开竞争，一个个团组的微创新汇聚形成企业宏大的集群式创新。

6.4 互联式企业的分类治理及其创新异同

6.4.1 三种时代企业所获经济性的不同

三种时代的经济性与组织特征的异同如表6-4所示。范围经济性对应多样化、个性，规模经济性对应标准化和效率。部落时代几乎没有商品生产，劳动是以个人为主，不存在作坊、企业，范围性经济和规模性经济的发展程度都极低。手工生产是向大规模生产的过渡，此时以手工作坊为主，可以实现"多样化、小批量"的生产，具有一定的范围经济性，但市场效率低，规模经济性差。大规模生产阶段可以流水线的方式实现规模经济性和效率，但范围经济性低，强调"大批量、少品种"。精益生产阶段是以规模性经济为主、范围性经济为辅。对于大规模生产阶段局限性的局部调整，是在供应链范围内的调整,打造一定程度的柔性流水线,在不提高成本的基础上实现产品的多品种化,获取范围性经济。但这种调整主要是大企业在供应链内的调整与协同,难以在全社会范围内实现协同。这时候的企业组织也是大企业,只是为降低僵化程度而增加了部分自主同组的权力,增加其灵活性。

表6-4 三种时代的经济性与组织特征的异同

	部落时代	工业时代			新部落时代
		手工生产阶段	大规模生产阶段	精益生产阶段	
范围经济性(多样化)	极低	较低(主导地位)作坊	较低	较高	高(可能居主导)团组
规模经济性(标准化)	极低	很低	很高(主导地位)流水线	高(主导地位)柔性流水线	高(可能居主导)平台
企业规模	个人	小企业	大企业	大企业	"大企业小企业化";小企业

发展到新部落时代,则是范围经济性和规模经济性并重,组织特征是"平台+团组",平台便于实现标准化,团组便于实现范围经济性。不同类型的互联式企业表现不一样,分为"技术主导型"与"市场主导型"两类,它们整合产业链的方式不一样,技术主导型以规模经济性为主,"平台+团组"更加倾向于平台,"化繁为简"做爆品、爆款,以极品策略扫荡市场。例如,小米一年只推出一两款新品手机,但一定是爆品、极品。市场主导型以范围经济性为主,"平台+团组"更加倾向于团组,自主权更大,"化单为繁",化单一为繁多,以快速推出新品为主,如韩都衣舍一年推出3万种款式。

手工生产是大规模生产的过渡阶段,精益阶段是大规模生产向新部落时代发展的过渡阶段,是在不放弃规模经济的基础上对于范围经济性的获取,是对大企业自身僵化的一种调整。新部落时代实现了"小就是美",大企业小企业化,或者小企业利用互联网获得新发展机遇。"新部落时代"在新时期重新恢复了"部落"，与传统部落不同的是，人们是通过互联网因为兴趣相投而自发形成了一个个部落，即使从未谋面。

6.4.2 两类互联式企业的创新异同

6.4.2.1 技术主导型和市场主导型

基于产品的类型可以将互联式企业分为两类：一类是生产"非标准化产品"的，通过"多品种、小批量"获取范围性经济，如快时尚的服饰，市场更新快；另一类是生产"标准化产品"的，通过"少品种、大批量"获取规模性经济，如手机、家电等，更新相对较慢。市场主导型的非标准化产品主要注重潮流和时尚，对设计的时尚与否要求很高，需要快速应对市场变化，以满足情感方面的需求为主，而对产品性能的要求相对低一些。技术主导型的标准化产品对于产品性能的要求更高，硬指标要求高，科技含量丰富，款式外观同样要求时尚，但用户体验主要还是在于性能。因此可以把能够改善用户体验的研发创新集成到一个标准化产品之中，最典型的是手机（方寸之间集成了电脑、相机、音响等各种产品功能），用户的个性化需求尽量在这一款产品中给予满足。

此处需要解释新部落时代的标准化产品与工业时代的区别，前者是与用户互动的结果，充分吸纳了用户创意，具有充分的创新特质，是 C2B 的，属于用户导向和创新导向；工业时代的大批量产品是生产导向、成本导向、效率导向的，是 B2C 的。从组织方式来说，一个是千百个特种作战小组的集合，适合于分散的独特作战任务；一个是科层的"团营连"部门制，适合于统一指挥、集中行动。

6.4.2.2 互联式企业创新中的"团组与灵活性"

如表 6-5 所示，两类互联式企业的团组共同之处是，同样需要与用户灵活互动，同样要对团组放权。不同之处在于，生产"非标准化产品"的市场主导型企业（如韩都衣舍），其团组主要依靠市场竞争倒逼设计创新；而生产标准化产品的技术主导型企业（如小米），其团组主要依靠用户需求倒逼研发创新。二者的共同点都是用户导向，市场主导型侧重时尚导向，技术主导型侧重技术导向。前者用户参与研发的少，设计主要是设计师快速推出新品，整合产业链；后者用户参与研发创新的程度高一些。

表6-5　技术主导型与市场主导型互联式企业创新的异同

企业类型	产品类型	所获经济性	平台（标准化）	团组（灵活性）	团组的微创新	集群式创新
技术主导型	标准化产品（化繁为简，爆品爆款的极品策略）	规模经济性	价值观、核心治理规则，核心职能（IT管理、供应链、客服）	职能（如研发）的团组化：吸纳用户参与免费创新：以快速和粉丝、极客的互动实现微创新、快速迭代	微创新表现为某项功能的快速创新，而非独立产品，团组偏向职能化	多个创新团组的竞争性排名（用户打分给予评价），形成集群式创新
市场主导型	非标准化（化简为繁，品种多、小批量的快时尚）	范围经济性	价值观与核心治理规则，核心职能（IT管理、供应链、客服、销售预测）	团组企业化：以快时尚打动用户（用户参与创新少）：小微企业般运营，独立应对市场快速变化	微创新表现为一个时尚产品，团组更加市场化	多个市场团组的竞争性排名（利用市场指标进行评价）

　　技术主导型的团组系统与市场主导型的"款式多、更新快"的时尚策略不一样，其是一种打造精致极品（爆品爆款）的策略，"款式少、体验好"，一款产品满足尽量多的个性化需求。因为技术的提升需要积累和研发周期，更新速度相对慢些，但它同样需要团组化，需要和用户互动交流，其目标不是显性需求，而是潜在需求，要经历"从群众中来、到群众中去"的无数次的"需求提炼—研发—再反馈"的循环。互联网的技术和新部落的用户集群，为研发创新的"群众路线"创造了从未有过的历史性机遇。所以这种团组的特点是吸纳用户需求，快速形成自己的创意，推行快速更新推向市场的"小步

快跑"的策略，例如，小米手机每周一更新 MIUI 操作系统以持续改善用户体验。团组化不仅适用于"微创新"，同样适用于研发周期长的前沿技术（如芯片）的创新。

6.4.2.3 互联式企业创新中的"平台与标准化"

团组体现的是灵活性，平台体现的则是标准化。平台的建设需要"标准化"，包括价值观与核心治理规则，以及 IT 管理、供应链、客服、销售预测核心职能，这是理性力量的部分；平台的团组同样需要在标准化服务的基础上实施"非标准化"的服务创新，增加感性的力量，令用户感动。平台团组对于非平台的业务团组的服务也是如此，积极配合支持，创造感动。

互联式企业可以利用自身平台吸纳外部创新成果，扩展和复制自身模式。例如，韩都衣舍的定位是二级生态运营商，依靠"韩都衣舍+"孵化一系列有潜力的品牌，对于一些设计师品牌进行兼并、孵化，利用自身"市场主导式"的运营优势扶持其快速成长。小米的平台扩展到电视、充电宝、平衡车、净水机、空气净化器多个产业，很快取得了巨大的成功，成为"产业平台"，"极品+成本定价+电商"的策略极为成功，互联式企业的平台成为其模式复制的基础。

6.4.2.4 "标准化"之上的"非标准化"

KPI 是企业考核的标准，但互联式企业则需要"去 KPI 化"，以用户考核为核心。小米、海底捞取消了 KPI 指标，它们只有一个标准，即"服务好顾客"。部落在上、企业在下，用户考核比起公司领导考核更重要。满足 KPI 指标，这是"标准化"，但标准永远落后于顾客期望，超出期望，就要在标准化之上创造"非标准化"的服务，这样才会形成顾客的口碑效应，其"病毒式"的传播远远超出广告的价值。市场主导型的互联式企业，如韩都衣舍，依靠团组之间的市场竞争自动实现升级或者淘汰，不需要公司干预，市场就是最终考核；技术主导型的互联式企业如小米，很多团组并不面对市场，但会面对用户、部落粉丝，例如，小米每周会让粉丝对手机新增功能进行投票，这种排名会对团组工程师造成名誉压力，迫使其做好创新。

团组需要实现在平台"标准化"之上的"非标准化"。例如，小米一再强调参与感，就是要给用户以身临其境、参与公司研发或其他服务的主人翁的感觉，这样才能够让用户无私宣传，形成口碑效应。小米强调以极致思维打造产品，也要以极致思维打造参与感、人性化的非标准化服务。服务一旦标准化就容易僵化，给人以生硬的感觉，适时、适地地加以微创新，将标准化的内容以非标准化的艺术形式传导给用户，内容就会生动起来，这就是和用户做朋友。

6.5　互联式企业基于"r策略"的集群式创新

6.5.1　"r策略"与互联式企业的集群式创新

6.5.1.1　"r策略"适应小众市场

互联式企业集群式创新的策略，实际上类似于物种进化的"r策略"。自然界有两种策略物种，一种是"r策略"物种，这种物种体量小，但数量大，在自然竞争中快速进化，如鱼的排卵数量巨大，但存活率低；与之相反的是"k策略"物种，这种物种体型大、生育力低，但对幼崽照顾得好，幼崽成活率高。如果说工业时代的企业多数采取"k策略"的话（重点扶持某一个或某几个产品的创新，投入巨资），新部落时代则更多地采取"r策略"，不去刻意扶持某些创新项目，而是创造成长的环境，多播种、广撒网，其中自然会成长出一流的产品和品牌。

在工业时代大众化市场、标准化背景下，企业创新速度较慢，对应的是集权式线性创新体系。在新部落时代小众市场、个性化背景下，表现出的是分布式非线性的集群式创新体系，领导者不能够替代一线人员与消费者互动，领导的个人英雄主义已经远远不能适应庞大的小众部落的需求，只有通过市场一线的最前沿团组才能把握市场的温度变化；领导很难判断哪一个小众产品会从非主流忽然变为主流、主流产品何时又会烟消云散，所以还是团组之间的市场竞争最有效。新部落时代的领导和员工之间更加民主，员工服务用户、领导服务员工，领导主要是搭建平台，包括价值观、激励规则等治理平台，以及物流、客服等服务平台。

6.5.1.2 "r策略"与免费创新

"r策略"的集群式创新体现在两个方面：一是用户层面的，庞大的用户积极热情地投入免费创新中。二是企业层面的，平台之上的众多团组互相竞争、刺激创新，企业将集中的创新投入分解到各个团组，降低了风险，增加了创新柔性。

互联网的发展使免费创新的规模和范围都变得巨大，用户能够进行免费创新的社会基础是认知盈余（刘润，2015）。冯·希佩尔在针对美国、英国、加拿大、日本的家庭部门的调查中发现创新者每年的开销总和高达数十亿美元。美国、英国、加拿大、日本、芬兰、韩国6个国家的家庭部门中数千万人投入到自用产品的开发中，超过90%的个人开发符合免费创新（两个标准：一是个人利用了没有劳动报酬的自由支配时间进行创新；二是个人不对创新设计进行保护，其他人可以免费获得）。英国、日本、美国每年的消费型创新者用于消费品创新的总开支估计分别为52亿美元、58亿美元和202亿美元，英国、日本、美国每年制造商创新者用于消费品研发的费用估计分别为36亿美元、434亿美元和620亿美元（克莱·舍基，2012），英国、日本、美国消费型创新者与制造商创新者投入的比值分别为1.44、0.13、0.33。可见美国免费创新的水平比日本高，英国免费创新的水平又比美国高。英国、美国的免费创新水平大大优于日本，但日本制造商投入的平均水平比美国和英国高，说明日本的互联网社会发展进展缓慢，还是处于以工业为主的阶段。在对加拿大的调研中，愿意免费分享的受访者比例达88%，其中66%的人愿意分享给任何人，22%的人愿意分享给自己关系网中的人。

与给家庭部门的创新者带来巨大价值，表现为独特的自我奖赏方式和亲身参与促进"人类繁荣"的创新荣誉感。这种免费创新的模式为企业的创新带来了重要影响。这种免费创新的规模之大、范围之广史上罕见，且有愈演愈烈之势。消费者作为用户的同时又是生产者，互联式企业凭借与用户的良好互动，利用用户免费创新的优势迅速发展，一方面降低了自身成本，另一方面因为用户参与感的增强而使企业变为"我们的"企业，企业员工和用户以主人翁的心态自我燃烧、自我奖赏。

6.5.1.3 "r策略"与团组的集群式创新

创新投资从集中于公司到分散到庞大的团组群体，投资团组就是投资于人。例如，韩都衣舍采取品牌集群策略，现在成长起来的有20个品牌，还有一些孵化中的品牌，每个品牌也是分散到若干小组中，小组一般由2~3人组成，分别负责设计、网络推广和供应链。起步阶段公司会对小组每人投资2万元，3人就是6万元，服装的款式、价格、库存完全自主，小组自己摸索。一般头一年到一年半都是亏损，但小组积累了经验，获得了快速成长。这种集群式孵化策略大大分解了风险，而且压力完全在团组一线人员身上，不能转嫁，只能拼搏。传统的机械式企业集中投资，下属压力较小，经验和教训也主要集中在领导而非下属身上，因此员工成长缓慢，不能适应互联网环境下新部落时代快速创新的要求。

众多团组的市场竞争形成了集群式创新的局面，这类似于以前中小企业集群的集群式创新（杜龙政和刘友金，2005），区别只是一个是在传统环境下地理空间集聚形成的中小企业集群，一个是在现代互联网竞争环境下互联式企业所塑造的平台之上所形成的团组集群，团组代替了以前的小企业，但更加灵活，且能够运用网络手段进行运营，创新能力更强。团组在互联网环境下形成一种集聚于虚拟平台、相互竞争的结果，这就形成了集群式创新，平台的虚拟空间代替了以前产业集聚的物理空间。

团组制的优点就是有足够的冗余，容许试错，可以快速迭代创新。这种"小步快跑"的策略投资少，不容易犯大的错误。小米很多项目的开发节奏经历了"从年到天"的转变，面对开发的迭代加速，最有效的方式就是全部碎片化。小米的组织结构分三级，即"合伙人—核心主管—员工"，研发部门不设正、副经理等职位，员工的进步主要表现为薪水的提高，不需要考虑复杂的人际关系，只需要紧盯用户需求。企业需找到最好的员工，然后让其自我燃烧。这体现了互联式企业团组制的优点，员工是因为热爱而工作。兴趣和价值观一致，很容易使员工与用户达成一致，组建成共同的部落。小米"为发烧友而生"，就是首先凝聚"发烧友"形成新部落。员工自我燃烧的激情也点燃了用户的热情，吸引粉丝加入企业的创新活动中，形成快速互动。

我们通过小米的典型案例来观察其是如何通过强化用户参与感和团组微创新，实施集群式创新，带动技术升级的。小米"为发烧友而生"的宗旨，凝聚起一个集聚"发烧友"、追求卓越品质的部落。董洁林和陈娟（2015）认为，小米公司的创新是用户全面参与的无缝开放式创新，小米公司在产品研发各阶段用众包方式与用户实现无缝合作，在创新过程中由小团队全程负责，迭代开发。换句话说，用户全面参与的驱动力就是对于新部落的认同，把公司看作"我们的"。每天有数十万用户通过小米论坛提交需求，小米的研发分为长期、中期、短期三种，长期研发方向由雷军与团队沟通约定；中短期基本是在和用户互动中碎片化产生，而且这个过程也会修正企业的长期目标。小米优先处理浮出水面的需求（显性化），第一时间公示需求、改进计划，"橙色星期五"每周更新。团队结构也变得"碎片化"，即团组式，每2~3人组成小组，长期改进一个功能模块，有自主权，在和用户互动过程中，30%的模块可以定义开发（董洁林和陈娟，2014），用户会围绕着每个工程师开发某个功能。小米公司 MIUI 操作系统的海外版本几乎都是"米粉"免费翻译的。"米粉"部落对于小米产品海外推广的热情震撼人心。

6.5.2 "平台+团组"的创新学习优势

在互联式企业的创新过程中，快速学习元素（团组）和慢学习元素（平台）组合存在，并用不同的步伐学习和成长。步伐层级源于建筑学，本义是不同建筑部分变化的快慢不同，变数较小的层级可以支持快速变化的层级，例如，地基可以支撑建筑的变化。企业最静态的部分是使命、价值观，其次是平台架构，变数最多的是第一线。在变数很大的地方要足够灵活，对于第一线来说，降低变数是没有意义的。最了解市场环境的是第一线员工以及用户，但其知识是缄默知识，故小型化团组的组织形式有利于内部的沟通和快速反应，以应对用户需求。

如图 6-3 所示，团组代表的是灵活性，团组一线创新就形成了情景化的经验，很多属于缄默知识；平台代表了标准化，团组一线的经验从缄默知识变为显性知识，成为平台的惯例，为整个企业服务。可以把互联式企业看作生命形式，把经验转换为知识就像是生命体在学习。步伐层级有快速学习和慢速学习的区别。团组快速的学习成果变成经验，慢速知识逐渐变成习惯，习惯又会进入平台，成为团组的潜意识。平台可以让整个企业的团组之间相互分享想法和经验，把经验标准化后，就可以支持整个企业的发展。平台内标准化的东西很多，科层式的官僚结构相比于团组更为适合；团组化应对灵活性是有用的。团组就像是企业的短期记忆，平台是企业的长期记忆，创新方面的知识和经验成为流程和条例被储存起来。

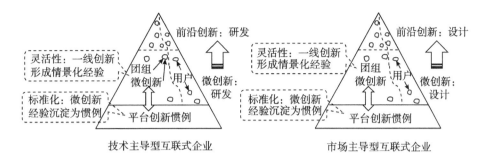

图 6-3 互联式企业集群式创新与创新升级

新部落时代企业为应对小众部落需求的日益多样化，迫切进行第一线的变革。自由度大的员工效率更高、学习能力更强。面对未知情况，探索和试错是主要途径。技术主导型的互联式企业对应的是标准化产品，是技术导向的，团组通过与用户互动实现研发设计方面的微创新，这可以促成向前沿创新的升级。市场主导型的互联式企业对应的是非标准化产品，是市场导向的，团组在时尚设计方面的微创新可以促成产品向前沿设计的升级。

驱动团组的动力来自团组之外的用户，是用户与团组的密切互动，在激励、督促团组持续地微创新，"积小胜为大胜"，好的团组经验会沉淀为平台的惯例，为其他团组服务。平台与团组之间是一种创新的循环与互相促进，即"团组竞争促进微创新→好的微创新经验形成平台惯例→推动整体团组系统在更高平台上竞争和创新"，众多团组的创新形成集群式创新局面，进而带动企业整体的技术水平升级（技术主导型）、设计水平升级（市场主导型）。

小米的创新结出了硕果。2016 年小米在全球专利申请量 7071 项，获得专利授权 2895 项，其中一半是国际发明专利。以用户为中心的技术创新获得成功。2017 年 2 月松果芯片研发成功（研发周期仅为 28 个月，大大低于十年的国际惯例），小米成为全球继苹果、三星、华为之后第四个能够自主研发芯片的手机企业。小米进入国际市场继续复制中国奇迹，2016 年小米手机在印度的销售额超过 10 亿美元，2017 年上半年在印度的出货量比上年同期增加 328%。小米 2017 年全球出货量为 2316 万台，环比增长 70%。继季度出货突破 2000 万台后，小米再创新纪录，2017 年 9 月单月出货超过千万台，国内市场占有率第二。小米凭借研发创新的突破，急速向国际一流企业挺进，"平台+团组"的集群式创新优势功不可没。

6.6　结论及建议

　　20 世纪 90 年代至今，互联网的兴起极大地改变了人类的生活方式，动摇了大规模生产下生产者的中心地位。消费者在历史上第一次获得了消费主权，打破了生产者对于信息的垄断，人们因为兴趣、价值观的相似而形成了部落，众多部落的兴起表明工业时代正在成为过去，新部落时代正在到来。难得的是，中国的工业化建立起了世界最完备的产业链环境，这为互联网、物联网等相关企业的发展创造了创新升级的物质基础。但是，多数企业还停留在仅把"线上"作为"线下"补充的阶段，为此，本书对其向互联式企业的转型提出如下建议：

　　（1）需要从分工式企业的部门制向互联式企业的团组制转型。中国的电商发展在国际上已经领先，这是小米和韩都衣舍等企业迅速崛起的大背景。部门制下的团队是专业化、权力较小、僵化的；团组制下的团组是全功能团队，具有自治、灵活的特点。机械式企业的部门制适合工业时代稳定可预测的环境，适合生产效率的最优而非创新最优；互联式企业适合新部落时代的变动环境，适合用户互动和快速创新。很多互联式企业已经创造出一流的业绩，不变革必遭淘汰。

（2）要充分授权，给足激励。互联式企业可分为技术主导型（适合标准化产品）和市场主导型（适合非标准化产品）两类，其创新有共性的一面，例如，"平台+团组"的集群式创新的架构；也有不同的一面，团组制和平台的建设要结合其不同类型的要求，对症下药。技术主导型企业需调动部落粉丝的创新热情，共同参与创新，充分利用免费创新的优势。小米的治理平台优越，认可"天理即人欲"，即首先员工要真心喜爱，其次给予员工股权激励等多种长远的激励，忽略短期的 KPI 考核。市场主导型企业给予小组充分的自主经营权，在市场上成长。韩都衣舍的"小组制"创造出 300 多个老板，极大地调动了员工的积极性，一个不懂服装时尚的创始人却凭借"平台+团组"的治理优势和集群式创新优势，造就了中国电商服饰第一品牌。如何授权和激励、如何搭建平台，是互联式企业转型的关键所在。

（3）集群式创新是新部落时代、电商环境下企业创新的必由之路。集群式创新的基础是团组制，团组制作用的发挥需要良好的治理机制和管理平台，企业给予团组充分的授权和支撑，团组就能够自动对接用户部落，充分互动，构建和扩大有追求有意义的新部落群体，部落粉丝和团组员工共同创新，团组互相竞争淘汰，造就集群式创新的局面，积少成多，团组的微创新持续推动创新升级，实现前沿创新或前沿设计的目的。

第三部分

扩展研究

7 中国八大经济区工业绿色发展的差异性分析

7.1 引言

鉴于国内外环境，新时期的工业化、制造业升级对于中国的经济安全极具重要性。反观不少发达国家的脱实向虚、产业空心化使其疫情防控期间的产业链、供应链遇到极大瓶颈。

中国的经济发展在经过多年高速增长之后，已进入以"中高速、新动力和优结构"为主旋律的新常态。2012年后环保从原先的软约束逐渐变为硬约束、高压线，"先污染后治理"的经济发展老路走到了尽头。这波环保新政对传统产业的冲击的范围之广、规模之大，是历史罕见的。与中国致力推动的新型全球化相适应，1992年以后的20年是外贸国际化、外商直接投资（FDI）迅猛发展的20年；从改革角度来说，这20年也是经济发展从以国企为主的行政型治理向以民企为主的经济型治理快速发展的时期。那么，开放经济和治理变革对于绿色发展的影响如何？是促进了还是阻碍了区域工业的绿色发展？瓶颈和关键阻碍又在哪里？这些是政策制定者和业界实践者所急切关注的问题。

在环境规制和产业创新之间能实现"双赢"吗？学者们基于不同的前提假设、分析方法、研究样本和变量构造进行研究，得出的结论并不一致，存在环保与创新的两难悖论，要创新就必须持续投入资源，而环保又会占用资源，侵占本来可以用于创新的宝贵资源，尤其是在现有竞争日趋激烈的情况下。波特提出一个假说，正确的环境规制政策能够引致创新从而抵消执行环境政策的成本，实现环境质量和生产率的"双赢"（Porter，1991），即理想的情况是在环境规制与经济增长之间存在一个先降低后提高的"U"形曲线关系。波特假说实现的基础是环境规制所推动的创新，应该也是客户或市场所需要的创新，否则这就仅仅是为了实现"基本生存条件"所必须付出的成本，即规制成本。如果规制成本可以转化为客户需要的创新成本，那就能够实现"双赢"，否则就不能实现。这里面要有客户的概念转变，即不仅在意产品的"使用价值"，而且还在意产品的"环保价值"，即更加符合生态生产方式（杜龙政和汪延明，2010），这种环保价值可能不是顾客实际需要的，而仅仅是一种"精神价值"或者"心理价值"。随着人民收入水平、生活水平的提高，消费者对于产品的绿色需求提高，包括绿色产品的"使用价值"或"精神价值"，因而可以推动工业的绿色发展。

从绿色产品"精神价值"的实现阶段来看，初期的环境规制会增加企业负担，占用本可用于创新的资源，这种"侵占效应"会削弱其创新能力（张成等，2011）。从长期来看，环境规制推动工业的绿色创新、绿色发展，通过环保水平的提高赋予产品"绿色精神价值"，获得"绿色补偿"，弥补了被动遵循环保要求的"规制成本"而实现"双赢"。这样在环境规制与工业绿色发展之间可能存在"U"形曲线关系。在中国区域工业发展实现了绿色与发展的

"双赢"，就是我们验证的核心假说。多数研究结果认为环境规制会对与环境相关的技术创新带来正向影响，是环境规制正、负两方面综合影响的结果。负面效应当期产生，而环境规制的"创新补偿"效应滞后于"遵循成本"，长期来看则能提高企业的技术创新（张成等，2011）。

现有文献在研究技术创新时进一步将其分解成治污技术进步（创新）和生产技术进步（创新），验证环境规制对于企业生产率和成本的影响（Jaffe et al.，1995；Shadbegian & Gray，2005；王兵等，2008；张成等，2010），或验证环境规制对总体创新和治污技术创新的影响（Lanjouw & Mody，1996；Jaffe & Palmer，1997；Brunnermeier & Cohen，2003；Hamamoto，2006；杜龙政等，2019）。前者是遵循环保要求而实现的创新，可能会满足顾客的"精神价值"，而不能促进产品"使用价值"的提高；后者则会促进产品"使用价值"的提高，可能与环保关系不大，理论上未厘清治污技术创新向生产技术创新的转化机制。本书认为顾客对于环保"精神价值"的需求可能是主要原因。由于治污技术创新的数据获取的困难，已有文献主要验证了环境规制对总体创新的影响，往往用总体创新（专利数）代替治污创新（李婉红，2015）。

波特假说是否在中国得以验证？有学者认为环境规制有利于工业绿色创新，存在"U"形关系（李玲和陶锋，2012；殷宝庆，2012；蒋伏心等，2013；Bi et al.，2014）。也有学者认为中国工业分行业的绿色全要素生产率出现了一定的倒退（李斌等，2013），提高规制强度减缓了地区经济的增速（赵霄伟，2014），环境规制与企业全要素生产率之间呈倒"N"形曲线关系（王杰和刘斌，2014）。由于研究的周期、数据、方法在变化，现在有必要重新来验证波特假说，以此为地区工业绿色转型提供理论依据。

对于创新的度量，一种方法是用专利数来度量，另一种方法是用全要素生产率（TFP）来度量，在此之基础上发展出一种绿色全要素生产率（GT-FP），以与传统的市场 TFP 相区别，环境全要素生产率已成为中国工业高速增长、污染减少的核心动力（涂正革和肖耿，2009）。绿色全要素生产率的变化可以评估节能减排等所有相关环境规制政策的综合经济效果。张成等（2011）、赵霄伟（2014）等使用市场 TFP 度量创新，王兵等（2010）、陈诗一（2010）采用 GTFP 方法，匡远凤（2012）用随机前沿方法，等等。张成的全要素生产率的计算是不包含污染等非期望产出的，会带来测度误差（Nanere et al.，2007）。

张成等（2011）基于市场 TFP 得出的结果可能不如采用绿色 TFP 得出的结果准确，且他是基于 TFP（包括技术效率和技术进步两部分）的分项——技术进步进行研究。根据我们对 GML 方法与 ML 方法的判断，ML 方法会高估技术进步。所以，有必要基于绿色 TFP 的 GML 方法加以详察。

绿色 TFP 与市场 TFP 哪个高，观点也不一致。匡远凤（2012）基于随机前沿方法分析了中国省际效率差异，1995~2009 年传统 TFP（0.22%）低于环境全要素生产率的 0.85%。王兵等（2010）认为环境 TFP（1.8%）的平均增长率大于市场 TFP（1.14%），研究周期是 1998~2007 年。有些学者则认为考虑了环境因素后的全要素生产率更低，如陈诗一（2010）认为绿色 TFP 低于传统 TFP，研究期间是 1980~2008 年。陈诗一、王兵、张成等是基于东部、中部、西部的划分，除方法的差异之外，时间段不够长。另外，东部、中部、西部的划分是否考虑了南北方差距拉大的情况下八大经济区分化发展的现实？中国区域工业绿色发展与环境规制之间是否呈"U"形曲线关系？各经济区的具体状况又是如何？所以，本章计划以 GML 方法为工具，以绿色 TFP 为评价标准，分析在一个多层次、多阶段、多经济区域的大国各经济区工业绿色发展现状，研究开放经济、治理改革等对于区域工业的绿色发展起到了什么作用、影响的关键因素又是什么等，这是本章所要解决的主要问题。

7.2 方法、模型与变量

7.2.1 研究方法

现有文献对全要素生产率进行估算的方法可以粗略分为指数法、索罗残差法和前沿生产函数法（陈诗一，2010）。指数法的问题是需要投入产出的价格信息，环境变量往往被排除在计算之外。索罗残差法需先确定投入要素的产出弹性（Hailu & Veeman，2000；Young Alwyn，2003；Zheng et al.，2009）或先验假定为常数，或利用C-D生产函数、超越对数函数得到该弹性。前沿生产函数有随机性和确定性两种。采用随机前沿模型的有吴延瑞（2008）、朱承亮等（2009）、王志平（2010）等，随机前沿模型作为一种参数化方法，需先验假定效率随时间推移而变化，这是缺陷（陈诗一，2010），它只能拟合一种产出过程，无法区分"好"、"坏"两种产出。

确定性前沿生产函数分参数化和非参数化（DEA）两种，基于距离函数的DEA方法可避免参数化方法的设定误差和随机干扰项正态分布的缺陷，能区分出"好"产出和"坏"产出。传统TFP的测度方法Tornqvist指数和Fischer指数没有考虑资源环境约束（Hailu & Veeman 2000），基于传统距离函数的Malmquist（M）指数法无法计算"坏"产出，而ML指数法则可测度"坏"产出（Chung et al.，1997），后被广泛使用（郑京海和胡鞍钢，2005；Elsadig，2012；Chen & Golley，2014；李斌等，2013；王兵等，2015）。不少学者研究了环境约束下的工业生产率（Managi & Kaneko，2006；Watanabe & Tanaka，2007；涂正革，2008；陈诗一，2009）或中国区域环境效率（胡鞍钢等，

2008），但其径向、角度均未考虑投入和产出的松弛问题，当存在投入过度或产出不足时会高估生产率。后来学者们提出非径向、非角度的测度方法（Slack-Based Measure，SBM）（Tone，2001；Färe & Grosskopf，2010；Fukuyama & Weber，2009）。Luenberger 方法与非角度的、具有相加结构方向性距离函数相适应（Chambers et al.，1996；王兵等，2010），ML 方法与相乘结构的方向性距离函数相适应（Chung et al.，1997；陈诗一，2010），这两种方法采用几何平均形式测算全要素生产率，其结果不具有循环累积性，只能进行相邻期间生产效率的短期变动分析，不适合时间段较长的效率变化测算；而基于方向性距离函数的 Global Malmquist-Luenberger（GML）方法可以克服这一缺点。本章运用 GML 方法对考虑能源消耗和碳排放的省际绿色全要素生产率（GTFP）及市场全要素生产率对比分析，比较不同区域绿色经济增长的异质性特征。

在同时考虑期望产出和非期望产出的情况下，我们可以用方向距离函数替代产出距离函数来衡量全要素生产率，Chung（1997）把该指数命名为 Malmquist-Luenberger 生产力指数（简称 ML 指数）。Oh（2009）进而提出了 Global Malmquist-Luenberger（简称 GML 指数）。由式（7-1）、式（7-2）可以看出，两式的效率改变相同，只有技术变化不同。

$$ML_t^{t+1} = \frac{1+\vec{D}_0^t(x^t,\ y^t,\ b^t;\ y^t,\ b^t)}{1+\vec{D}_0^{t+1}(x^{t+1},\ y^{t+1},\ b^{t+1};\ y^{t+1},\ b^{t+1})} \times$$

$$\left[\frac{1+\vec{D}_0^{t+1}(x^t,\ y^t,\ b^t;\ y^t,\ b^t)}{1+\vec{D}_0^t(x^t,\ y^t,\ b^t;\ y^t,\ b^t)} \times \frac{1+\vec{D}_0^{t+1}(x^{t+1},\ y^{t+1},\ b^{t+1};\ y^{t+1},\ b^{t+1})}{1+\vec{D}_0^t(x^{t+1},\ y^{t+1},\ b^{t+1};\ y^{t+1},\ b^{t+1})}\right]^{1/2}$$

$$= MLEC_t^{t+1} \times MLTC_t^{t+1} \tag{7-1}$$

$$GML_t^{t+1} = \frac{1+\vec{D}_0^G(x^t,\ y^t,\ b^t;\ y^t,\ b^t)}{1+\vec{D}_0^G(x^{t+1},\ y^{t+1},\ b^{t+1};\ y^{t+1},\ b^{t+1})}$$

$$= \frac{1+\vec{D}_0^t(x^t, \ y^t, \ b^t; \ y^t, \ b^t)}{1+\vec{D}_0^{t+1}(x^{t+1}, \ y^{t+1}, \ b^{t+1}; \ y^{t+1}, \ b^{t+1})} \times \left[\frac{1+\vec{D}_0^G(x^t, \ y^t, \ b^t; \ y^t, \ b^t)}{1+D_0^t(x^t, \ y^t, \ b^t; \ y^t, \ b^t)} \times \right.$$

$$\left. \frac{1+\vec{D}_0^{t+1}(x^{t+1}, \ y^{t+1}, \ b^{t+1}; \ y^{t+1}, \ b^t)}{1+\vec{D}_0^G(x^{t+1}, \ y^{t+1}, \ b^{t+1}; \ y^{t+1}, \ b^{t+1})} \right]$$

$$= GMLEC_t^{t+1} \times GMLTC_t^{t+1} \tag{7-2}$$

ML 方法所得的技术效率 EC 和 GML 方法的 EC 是一样的，技术进步 TC 是主要区别所在。下文的重点是在 TC 方面，尤其是纯技术变化 PTC。技术进步由纯技术变化 PTC 和规模技术进步 STC 构成，是二者的乘积。

将 GMLTC 进一步分解为 PTC 和 STC，即：

$$GMLTC_t^{t+1} = \left[\frac{1+\vec{D}_0^{t+1}(x^t, \ y^t, \ b^t; \ y^t, \ b^t)}{1+\vec{D}_0^t(x^t, \ y^t, \ b^t; \ y^t, \ b^t)} \times \frac{1+\vec{D}_0^{t+1}(x^{t+1}, \ y^{t+1}, \ b^{t+1}; \ y^{t+1}, \ b^{t+1})}{1+\vec{D}_0^t(x^{t+1}, \ y^{t+1}, \ b^{t+1}; \ y^{t+1}, \ b^{t+1})} \right] \times$$

$$\left[\frac{1+\vec{D}_0^t(x^{t+1}, \ y^{t+1}, \ b^{t+1}; \ y^{t+1}, \ b^{t+1})}{1+\vec{D}_0^{t+1}(x^{t+1}, \ y^{t+1}, \ b^{t+1}; \ y^{t+1}, \ b^{t+1})} \times \frac{1+\vec{D}_0^{t+1}(x^{t+1}, \ y^{t+1}, \ b^{t+1}; \ y^{t+1}, \ b^{t+1})}{1+\vec{D}_0^G(x^{t+1}, \ y^{t+1}, \ b^{t+1}; \ y^{t+1}, \ b^{t+1})} \times \right.$$

$$\left. \frac{1+\vec{D}_0^G(x^t, \ y^t, \ b^t; \ y^t, \ b^t)}{1+D_0^t(x^t, \ y^t, \ b^t; \ y^t, \ b^t)} \times \frac{1+D_0^t(x^t, \ y^t, \ b^t; \ y^t, \ b^t)}{1+\vec{D}_0^{t+1}(x^t, \ y^t, \ b^t; \ y^t, \ b^t)} \right]$$

$$= PTC \times STC \tag{7-3}$$

其中，D^G（x，y，b）为定义在全局生产可能集上的方向性距离函数，方向性距离的求解需要借助线性规划的方法，即 D^G（x，y，b）= maxβ，且有：

$$s.t. \ \sum_{t=1}^T \sum_{k=1}^K \lambda_k^t y_{km}^t \geqslant (1+\beta) y_m^t,$$

$$\sum_{t=1}^T \sum_{k=1}^K \lambda_k^t y_{kj}^t = (1-\beta) b_j^t,$$

$$\sum_{t=1}^T \sum_{k=1}^K \lambda_k^t x_{kn}^t \leqslant (1-\beta) x_n^t,$$

$$\lambda_k^t \geqslant 0 \tag{7-4}$$

7.2.2 相关变量的选择

（1）绿色全要素投入、产出指标的选择。具体见第 2 章的描述，其中，"好"产出选用各个省份以 1994 年为基期的实际地区工业增加值；"坏"产出选用各个省份工业 SO_2 和工业 COD 排放。

（2）资源投入。具体见第 2 章的描述。

（3）劳动投入。因难以获得劳动时间方面的数据，本章选取规模以上工业企业的全部从业人员年平均数这个指标代替劳动时间，由于 2000 年以前并无该指标的数据，因此根据全员劳动生产率的计算公式（全员劳动生产率=工业增加值/全部从业人员平均人数）求出各省份工业部门的年平均从业人员（张成等，2011）。

（4）资本投入。选取规模以上工业企业的资本存量作为资本投入，计算方法借鉴单豪杰和师博（2008），在使用永续盘存法时主要涉及当期投资指标的选择、基期资本数量的计算、折旧率的选择和投资平减四个问题。不同于统一折旧率的方法，吴延瑞（2008）首次针对各地区采用不同的折旧率，这样可以充分考虑不同地区因发展速度不同而导致的折旧率的差异，本章借鉴其对各省份所采用的折旧率。

表 7-1 分析了中国 1994~2015 年各关键指标的增长率，包括工业二氧化硫（SO_2）、工业氮氧化合物（COD）、实际工业增加值、工业资本存量、工业行业平均就业人数、能源消费等细化指标。

表 7-1　本章所使用的工业投入产出变量的描述性统计分析（1994~2015 年）

变量名称	均值	标准误	最小值	最大值
工业增加值（亿元）	3965.81	5206.96	44.04	30259.49
工业 SO_2（万吨）	59.86	40.99	1.70	183.20

变量名称	均值	标准误	最小值	最大值
工业 COD（万吨）	18.24	16.22	0.30	117.80
工业资本存量（亿元）	30395.55	35825.77	417.47	261724.10
工业行业平均从业人员数（万人）	247.68	261.02	5.60	1568.00
能源消费（万吨标准煤）	9167.56	7377.60	279.00	38899.00

7.2.3 研究阶段划分

就研究阶段来说，很多研究阶段的终点较早，例如，陈诗一以改革开放30年为分析阶段，但只到2008年（陈诗一等，2010），2008年全球金融危机对世界和中国的冲击很大，也影响到了中国的绿色转型进程，这一阶段我国的区域绿色发展怎么样，应开展进一步的研究；或者是从1997年重庆分置后开始（因为数据获取的方便性）到2012年（王兵等，2015），以重庆分置的地域改革事件为起点，而非以中国经济改革的关键性事件为起点，有不足之处，因此，本章将研究起点设定为1994年。

2001年12月中国正式加入世界贸易组织，故1994～2001年是第一阶段；加入世界贸易组织后到2008年金融危机前的2002～2007年可以作为第二阶段，这时期是中国高速发展，同时也是重化工加速发展的阶段；2008年为应对国际金融危机的冲击，中国政府推出四万亿元刺激计划，其效应大概覆盖到2011年，故2008～2011年可以作为第三阶段；2012年环保新政陆续推出，故2012～2015作为第四阶段。从表7-2基础数据来看，能源消耗在第二阶段的增长率是最高的，达到了两位数；从工业二氧化硫、氮氧化合物、碳排放等污染排放的增长率来看，该阶段也是最高的，排在其后的是第三阶段。

本章将资源和环境因素同时纳入生产率的测算框架中，并将其定义为绿色全要素生产率（GTFP），GTFP 是在原有生产率的基础上综合资源利用和环境损失之后的"绿色"生产率，能够全面系统地反映地区低碳发展的综合竞争力。本章基于中国 1994~2015 年省际面板数据进行研究，根据碳排放与经济发展的阶段性特征，将其划分为四个不同的子时期。

表7-2　中国经济及工业各指标增长率（以 1994 年为基期）

年份	能源消耗（%）	工业二氧化硫（%）	工业氮氧化合物（%）	二氧化碳排放（%）	工业行业平均就业人数（%）	工业固定资产投资（%）	实际工业增加值（%）
1995	9.79	4.32	14.36	3.99	-0.79	25.32	24.24
1996	3.30	-2.95	-8.45	3.89	-0.69	23.72	16.64
1997	1.09	-1.81	-5.44	0.24	-0.07	20.38	12.40
1998	0.32	17.01	20.33	-0.62	-0.10	18.45	6.36
1999	1.30	-8.42	-13.61	-0.36	0.43	17.10	6.27
2000	7.64	8.44	-4.24	4.58	0.91	15.32	13.02
2001	2.21	-5.04	-13.42	3.72	0.98	14.32	9.12
2002	13.82	0.57	-8.82	8.14	1.52	13.21	11.07
2003	13.80	18.49	-2.11	16.02	4.40	12.41	20.31
2004	15.79	5.57	-0.41	15.53	9.70	11.95	24.21
2005	13.75	14.65	8.84	15.66	9.05	12.12	22.68
2006	10.13	3.08	-2.58	12.60	6.88	12.71	19.67
2007	10.3	-4.26	-5.43	7.55	6.80	12.75	20.40
2008	5.87	-6.95	-10.46	4.29	12.48	12.84	20.24
2009	5.78	-7.20	-3.91	5.55	-0.43	13.37	6.07
2010	9.03	0.90	-1.13	9.39	8.29	13.75	22.63
2011	8.42	8.19	-18.42	11.33	-4.31	12.84	19.87
2012	4.95	-5.23	-4.58	2.38	3.73	12.63	7.97
2013	-3.55	-4.00	-5.60	-0.18	3.29	12.90	7.02
2014	2.91	-5.17	-2.54	0.99	1.90	12.74	3.67
2015	1.68	-10.55	-5.76	-0.35	-2.03	12.18	-0.80

7.3 测算结果及评价

7.3.1 全国工业全要素生产率及工业绿色全要素生产率的变化及分析

本章基于中国 1994~2015 年省际投入产出数据测算各省份的绿色技术效率，在测算出绿色技术效率的基础上，分别计算出四个方向性距离函数，进而测算得到分行业的 MI 指数。但鉴于 MI 指数反映的是绿色全要素生产率的增长率而非绿色全要素生产率本身，因此本章参考邱斌等（2008）的方法，假设 1994 年的绿色全要素生产率为 1，然后将测算出的 MI 指数进行相乘得到 1995~2015 年的绿色全要素生产率。所基于的软件是 MAXDEA，具体测算结果如表 7-3 所示。

表 7-3　1994~2015 年两种方法、三种情形下的工业全要素生产率指数及其分项

方法	绿色 TFP：能源作为投入，工业 SO$_2$、工业 COD 是非期望产出			能源 TFP：能源作为投入，不考虑工业 SO$_2$、工业 COD 的排放			传统 TFP：能源、工业 SO$_2$、工业 COD 均不考虑		
	MI	EC	TC	MI	EC	TC	MI	EC	TC
GM 法	1.0237	1.0035	1.0223	1.0769	1.0083	1.0726	1.1085	0.9975	1.1188
ML 法	1.1210	1.0035	1.1169	1.0943	1.0083	1.0867	1.0948	0.9986	1.1004

陈诗一（2010）的观点是绿色 TFP 的增长率小于传统 TFP，而王兵和刘光天（2015）的观点是绿色 TFP 的增长率大于传统 TFP，孰是孰非？陈诗一（2012）、王文普等（2013）、涂正革的观点是近年来环境恶化了，生产率发生了

倒退，王兵等（2010）则认为环境规制推动了技术进步，这些论述孰是孰非？

本章构建了五个模型分析五种情形下的全要素生产率，以对比其特征。在此选取绿色全要素生产率和传统的市场全要素生产率进行对比，选取前者是研究低碳发展水平的需要，选取后者是为了与传统研究进行对比。绿色 TFP 考虑了能源投入和碳排放的非期望产出，衡量低碳经济的发展水平；市场 TFP 则是延续以前的方法，不考虑能源投入、碳排放等。

我们按照 GML 方法重新计算了 1994~2015 年各种情景下的工业全要素生产率均值，包括绿色 TFP，即碳排放作为非期望产出同时考虑能源投入的全要素生产率（模型 1，均值为 1.0237）；能源 TFP，即能源作为投入而不考虑碳排放的全要素生产率（模型 2，均值为 1.0769）；传统 TFP，即能源、碳排放均不考虑的全要素生产率，又称为市场全要素生产率（模型 3，均值为1.1085）。为方便比较，我们也按照陈诗一的 ML 方法计算得 1994~2015 年的绿色 TFP 平均增长率，为 12.10%，模型 1 得到的是碳排放作为非期望产出同时考虑能源投入的全要素生产率，称之为绿色全要素生产率，平均增长率是2.37%，远远低于按照 ML 方法得到的平均 12.10% 的增长率，说明高估比较严重，结果的不同源于方法的不同，ML 方法的计算结果要大一些。而对于传统 TFP 的计算，ML 方法所得值偏高。两种方法的结果不同，主要源于对技术进步的评估值不同，ML 方法高估了技术进步（TC）的增长率，如表 7-3 所示。总体来看，模型 1 的增长率小于模型 2、模型 3 的数值，这与陈诗一的结论也是一致的。考虑了能源的消耗、非期望产出后，会降低实际增长率。1994~2015 年 2.37% 的平均增长率意味着绿色全要素生产率虽然在提高，但增长不明显。为方便分析，只对比绿色 TFP 与传统 TFP，模型 2 的能源 TFP 不再予以讨论。但具体到分阶段，情况又有所不同。

就分阶段来看，工业绿色全要素生产率与市场全要素生产率的大小相比，均经历了先上升后下降的"低—高—低"三个阶段，如表 7-4 所示。从整体来看，市场 TFP 大于绿色 TFP，只有第四阶段小于绿色 TFP，因为该阶段二者均很低，处于发展低潮。就 EC 和 TC 来看，绿色 TFP 只有第二阶段的 EC 大于 TC，其他阶段均为 TC 大于 EC，说明技术进步起到了主要作用。市场 TFP 的 EC、TC 在第一阶段差不多，第二、第三阶段技术进步起主要作用，在第四阶段技术效率起主要作用。所以就第四阶段来看，绿色 TFP 是技术进步（TC）起主要作用，市场 TFP 是技术效率（EC）起主要作用，共性是全要素生产率在第四阶段均为最低，这说明绿色转型升级的任务没有完成。从整个期间来看，技术进步的作用远远大于技术效率，故在后面我们重点关注技术进步因素，对比分析绿色 TFP 和市场 TFP 技术进步的差别。

表 7-4　中国各阶段工业绿色 TFP、市场 TFP 各指标

时期	绿色 TFP			传统 TFP		
	MI	EC	TC	MI	EC	TC
1994~2001 年	1.0028	0.9978	1.0091	1.1162	1.0140	1.1133
2002~2007 年	1.0260	1.0191	1.0083	1.1505	0.9822	1.1743
2008~2011 年	1.0711	0.9995	1.0724	1.1323	0.9636	1.1802
2012~2015 年	1.0097	0.9922	1.0179	1.0079	1.0255	0.9834
全期	1.0237	1.0035	1.0223	1.1085	0.9975	1.1188
2015 年	0.9860	0.9871	0.9994	0.9787	1.0061	0.9731

整体来看，工业绿色 TFP 的增长率（2.37%）小于市场 TFP 的增长率（10.85%），这一点与陈诗一（2010）观点一致，与王兵等（2010）观点不一致，王兵的研究区间是 1998~2007 年，但王兵模型的缺点是不具有循环累积性，且研究区间少了很多年。很多学者关注的问题是，中国经济增长方式到底是更加集约了，还是更加粗放了。赵文军等（2012）认为，中国工业经济增长方式的粗放型特征日益强化，他用传统 TFP 的方法，研究区间仅有 11 年（2000~2010 年），且 2008 年全球金融危机对于出口市场具有一定的冲击，所

以他得出粗放式发展加强的结论是可以理解的。本书与赵文军等的结果既有一致之处，又有不同之处，但就 2015 年数据来看，工业绿色 TFP、市场 TFP 增长率均小于零，分别为-1.40%、-2.13%，说明形势较严峻，且从四阶段发展来看呈倒"U"形曲线，这是一致处；但综合第四阶段来看，工业绿色 TFP、市场 TFP 均大于零，属于新常态的转型期，还有可能实现反转，这是不一致之处。

就绿色全要素生产率来看，前期技术效率的作用大于技术进步，后期技术进步作用大于技术效率。Oh 和 Heshmati（2010）也认为，初期技术效率贡献大些，后期技术进步的贡献更大。究其原因，加入世界贸易组织后，中国市场经济发展迅速，国有企业、私营企业效率得以提升，劳动者的生产率得以解放，因此技术效率增长迅速，此时企业生产率的提升主要依靠制度、管理的创新，技术进步的作用有限。随着后来企业制度改革红利的逐渐消失、消费的换代升级，技术进步的重要性逐渐增大，故技术进步在后期的作用大于技术效率。

7.3.2 中国 1994~2015 年东部、中部、西部、南北方的发展对比

如表 7-5 所示，22 年间的东部、中部、西部绿色全要素生产率的年均增长率分别为 2.51%、2.63%、1.85%，市场全要素生产率则分别为 9.09%、12.90%、12.29%，说明不考虑污染等非期望产出、环境规制因素，会高估生产率增长。从第一阶段到第三阶段，三大区域的绿色 TFP 是递增的，在第三阶段达到顶点，东部、中部、西部的绿色 TFP 增长率分别为 6.52%、9.23%、6.17%，但在第四阶段又有所下降，分别为 1.05、0.63%、1.19%，东部、中部下降明显，西部相对好些。市场 TFP 的规律也类似，不同之处是第二阶段达到顶点，第三、第四阶段又依次下降，其中第四阶段的市场 TFP 为负值，增长率为-1.36%。中部的工业 TFP 下降了，粗放增长方式增加了，这与赵文军等（2012）的结论是一致的。王兵等（2015）认为，东部和中部地区实现环境、绿色经济的"共赢"，西部地区则导致"双重恶化"，其研究区间是

1998～2012 年。我们的研究区间更长（1994～2015 年），从整个周期来看，东部、中部、西部均实现了经济与环境的"共赢"，绿色 TFP 分别为 2.51%、2.63%、1.85%，这是与王兵的不同之处。但就第四阶段来看，绿色经济的产业转型还在持续进行之中。

表 7-5　东中西部各阶段工业绿色 TFP、市场 TFP 详细指标（以 1994 年为基期）

时期	地区	绿色 MI	市场 MI	绿色 TC	市场 TC	绿色 PTC	市场 PTC	绿色 STC	市场 STC
1995～ 2001 年	东部	1.0045	1.0938	1.0098	1.0893	1.0051	1.0714	1.0053	1.0251
	中部	1.0019	1.1478	1.0079	1.1478	1.0083	1.1361	1.0008	1.0105
	西部	1.0003	1.1293	1.0088	1.1269	0.9863	1.0531	1.0360	1.3223
	全国均值	1.0028	1.1162	1.0091	1.1133	1.0012	1.0830	1.0119	1.0958
2002～ 2007 年	东部	1.0323	1.1152	1.0239	1.1712	1.0259	1.1523	0.9985	1.0176
	中部	1.0240	1.1924	0.9873	1.1822	0.9875	1.1678	0.9999	1.0139
	西部	1.0154	1.1793	0.9981	1.1729	1.0106	1.1821	0.9961	0.9969
	全国均值	1.0260	1.1505	1.0083	1.1743	1.0125	1.1636	0.9983	1.0115
2008～ 2011 年	东部	1.0652	1.1218	1.0634	1.1804	1.0553	1.1218	1.0084	1.0559
	中部	1.0923	1.1435	1.0852	1.1878	1.0849	1.1625	1.0009	1.0224
	西部	1.0617	1.1421	1.0774	1.1724	1.0805	1.1558	0.9981	1.0160
	全国均值	1.0711	1.1323	1.0724	1.1802	1.0690	1.1405	1.0039	1.0375
2012～ 2015 年	东部	1.0104	1.0186	1.0196	0.9824	1.0152	1.0055	1.0043	0.9774
	中部	1.0063	0.9864	1.0170	0.9809	1.0183	1.0088	0.9988	0.9730
	西部	1.0119	1.0080	1.0153	0.9880	1.0123	0.9933	1.0033	0.9954
	全国均值	1.0097	1.0079	1.0179	0.9834	1.0153	1.0033	1.0027	0.9808
1995～ 2015 年	东部	1.0251	1.0909	1.0259	1.1097	1.0225	1.0916	1.0038	1.0197
	中部	1.0263	1.1290	1.0185	1.1334	1.0189	1.1259	1.0002	1.0066
	西部	1.0185	1.1229	1.0201	1.1223	1.0161	1.0981	1.0112	1.1087
	全国均值	1.0237	1.1085	1.0223	1.1198	1.0199	1.1033	1.0047	1.0403

分析全国技术进步各指标的情况，在第一阶段，绿色 TFP、市场 TFP 均为规模技术进步作用最大，显示要素配置效率起到主要作用，制度改革红利发挥了作用，释放了劳动力等生产要素的活力，实现了要素配置效率的提升；在第

二、第三、第四阶段，绿色TFP、市场TFP均为纯技术变化起主要作用，说明企业创新、员工素质提升起到了主要作用。值得注意的是第四阶段，市场TFP的技术进步是下降的，其中主因是规模技术进步在下降，这表明结构升级遇到阻碍。当然，绿色TFP的规模技术进步下降也很明显，仅有0.27%的增长率。从东部、中部、西部来看，一般是西部低。

7.3.3 八大经济区工业绿色全要素生产率分析

八大经济区的绿色和市场全要素生产率在1994~2015年（以1994年为基期）的数据如表7-6所示。与全国的情况类似，在第一阶段最低，第二、第三阶段递增，第三阶段到顶点，第四阶段回落。第一阶段的技术效率是下降的，表现为负增长，技术进步为正，起了主要作用。技术效率只有在第二阶段是大于技术进步的，这说明在重化工阶段，中国各大经济区的技术进步不大。分经济区来看，第一阶段只有东北的全要素生产率为负增长，第四阶段黄河中游、大西北也是负增长，其他地区均为正增长。

第一阶段各大经济区较为平均，绿色发展水平为正，但不高；第二阶段以三个沿海经济区表现最好，其中北部沿海表现最好；第三阶段受益于四万亿元刺激计划，长江中游、黄河中游、东北、大西北表现较好，甚至超过了三个沿海经济区；第四阶段长江中游、大西南、东部沿海、南部沿海表现较好，也就是说南方的四大经济区表现较好，北部沿海、东北的增长率接近零，黄河中游、大西北则为负增长。第四阶段表现出来一个最典型的特征是：南方好，北方不好，南北差距拉大。

第一阶段的八大经济区绿色TFP的增长主要源于技术进步，且主要源于规模技术进步的贡献，全国规模技术进步的增长率均值为1.19%，说明要素配置效率提高，制度改革逐渐释放出结构性红利，促进了工业整体的优化。规模技术效率反而不高，其增长率的全国均值为负，说明获取规模经济性下降。纯技术效率、纯技术变化的增长率基本为正，其所起的作用不是主要的。

第二阶段八大经济区绿色 TFP 的增长主要源于技术效率而非技术进步，EC、TC 的八大经济区的增长率均值分别为 1.91%、0.83%。但看细分指标，纯技术变化贡献最大，增长率均值为 1.25%（三个沿海经济区的增长率均值超过 3%），说明该阶段的企业技术创新效果比较明显，沿海地区绿色发展最快；纯技术效率的增长率均值为 1.08%，说明企业微观的管理水平、员工素质提高明显。这一阶段的规模技术效率的增长率均值为 0.93%，说明获得了一定的规模经济性，规模技术进步为负，说明生产要素重新配置的红利期已过。

表 7-6　八大经济区各阶段工业绿色 TFP 指标（以 1994 年为基期）

时期	地区	绿色 MI	EC	TC	PEC	PTC	SEC	STC
1995~2001 年	南部沿海	1.0050	0.9926	1.0164	1.0000	1.0029	0.9926	1.0158
	东部沿海	1.0060	1.0012	1.0055	0.9996	1.0054	1.0018	1.0003
	北部沿海	1.0069	1.0017	1.0121	1.0006	1.0110	1.0016	1.0014
	东北	1.0001	0.9989	1.0050	1.0014	1.0010	0.9976	1.0038
	长江中游	1.0026	1.0026	1.0020	1.0058	0.9997	0.9980	1.0036
	黄河中游	1.0012	0.9901	1.0139	0.9861	1.0169	1.0047	0.9981
	大西南	1.0011	1.0067	0.9987	1.0180	0.9913	0.9924	1.0110
	大西北	0.9995	0.9883	1.0190	1.0068	0.9814	0.9820	1.0611
	全国均值	1.0028	0.9978	1.0091	1.0023	1.0012	0.9963	1.0119
2002~2007 年	南部沿海	1.0264	1.0034	1.0241	0.9933	1.0248	1.0100	1.0009
	东部沿海	1.0370	1.0004	1.0367	0.9989	1.0374	1.0016	0.9992
	北部沿海	1.0462	1.0205	1.0266	1.0133	1.0360	1.0070	0.9909
	东北	1.0194	1.0131	1.0083	1.0130	1.0056	1.0005	1.0032
	长江中游	1.0235	1.0368	0.9881	1.0353	0.9877	1.0016	1.0005
	黄河中游	1.0244	1.0401	0.9865	1.0378	0.9874	1.0022	0.9992
	大西南	1.0215	1.0200	1.0031	1.0110	1.0113	1.0090	0.9923
	大西北	1.0093	1.0186	0.9931	0.9839	1.0099	1.0425	1.0000
	全国均值	1.0260	1.0191	1.0083	1.0108	1.0125	1.0093	0.9983

续表

时期	地区	绿色 MI	EC	TC	PEC	PTC	SEC	STC
2008~2011 年	南部沿海	1.0735	1.0063	1.0671	1.0048	1.0349	1.0016	1.0318
	东部沿海	1.0480	1.0023	1.0457	1.0028	1.0539	0.9995	0.9926
	北部沿海	1.0620	0.9915	1.0711	1.0000	1.0659	0.9915	1.0055
	东北	1.0774	1.0082	1.0698	1.0163	1.0663	0.9922	1.0035
	长江中游	1.0913	1.0191	1.0714	1.0220	1.0704	0.9974	1.0014
	黄河中游	1.0934	0.9949	1.0991	1.0022	1.0994	0.9931	1.0004
	大西南	1.0513	0.9754	1.0783	0.9760	1.0848	1.0028	0.9951
	大西北	1.0722	0.9985	1.0764	0.9991	1.0761	1.0004	1.0011
	全国均值	1.0711	0.9995	1.0724	1.0029	1.0690	0.9973	1.0039
2012~2015 年	南部沿海	1.0158	0.9962	1.0198	1.0058	1.0053	0.9905	1.0146
	东部沿海	1.0205	0.9912	1.0299	0.9979	1.0218	0.9933	1.0078
	北部沿海	1.0031	0.9968	1.0064	0.9989	1.0051	0.9979	1.0013
	东北	1.0023	0.9809	1.0222	0.9813	1.0288	0.9997	0.9938
	长江中游	1.0194	0.9947	1.0248	0.9970	1.0259	0.9979	0.9991
	黄河中游	0.9931	0.9842	1.0092	0.9776	1.0108	1.0071	0.9985
	大西南	1.0312	1.0169	1.0144	1.0166	1.0168	1.0003	0.9977
	大西北	0.9926	0.9768	1.0162	0.9803	1.0078	0.9968	1.0088
	全国均值	1.0097	0.9922	1.0179	0.9944	1.0153	0.9979	1.0027
1995~2015 年	南部沿海	1.0263	0.9990	1.0289	1.0001	1.0157	0.9989	1.0144
	东部沿海	1.0256	0.9993	1.0267	0.9997	1.0269	0.9997	0.9999
	北部沿海	1.0279	1.0042	1.0264	1.0038	1.0275	1.0005	0.9991
	东北	1.0207	1.0013	1.0216	1.0037	1.0200	0.9978	1.0017
	长江中游	1.0287	1.0140	1.0156	1.0156	1.0147	0.9989	1.0015
	黄河中游	1.0238	1.0042	1.0214	1.0023	1.0230	1.0022	0.9989
	大西南	1.0222	1.0065	1.0181	1.0077	1.0197	1.0006	1.0001
	大西北	1.0148	0.9967	1.0220	0.9937	1.0126	1.0056	1.0222
	全国均值	1.0237	1.0035	1.0223	1.0036	1.0199	1.0007	1.0047

　　第三阶段八大经济区绿色 TFP 的增长主要源于技术进步,技术效率的贡献降低。八大经济区的增长率均值为 7.24%、0.83%。增长最快的是中部,超

过 9%，西部接近于东部水平。与第二阶段类似，该阶段纯技术变化贡献最大，增长率均值为 6.90%，说明该阶段的企业创新效果比较明显，沿海地区绿色发展最快；纯技术效率、规模技术进步的增长均略微为正，规模技术效率出现负增长。总体来看，在第二、第三阶段，规模效应的作用均较小。

第四阶段八大经济区绿色 TFP 的增长也是主要源于技术进步，且来自于纯技术变化，区别就是第四阶段各项指标回落明显，且南方四个经济区为正，北方四个经济区表现较差，南北差距拉大。从整个阶段来看，八大经济区的绿色发展均为正增长，增长率在 2%~3%，起主要作用的是技术进步中的纯技术变化，这说明八大经济区的工业企业创新能力较好，但第四阶段的调整也给各大经济区的绿色转型造成了较大的痛苦。

7.4 中国区域工业绿色发展的影响因素分析

7.4.1 基本假说

为了研究全国及各区域影响绿色发展的主要因素，有必要引入模型进行计量分析。综合现有文献来看，主要有以下因素：环境规制（ER）方面。环境规制与区域工业绿色发展的关系，应该符合库兹涅茨曲线，是先下降后上升，这是假说 1。环境规制强度的衡量不易，张成等（2011）总结了国内外学者度量的几个角度，如环境规制政策或规制机构对企业排污的检查次数（Brunnermeier & Cohen，2003）、治污投资占企业总成本或产值的比重（Lanoie et al.，2008）、治理污染设施运行费用（张成等，2010）、治理工业污染的总投资与工业增加值的比值（张成等，2011）、污染排放量变化（Domazlicky & Weber，

2004）等；陆旸（2009）其至把人均收入作为内生指标来衡量环境规制强度。出于对指标的相对完善性和数据可得性的考虑，我们选取了治理工业污染的总投资与工业总产值的比值来作为度量环境规制强度的指标。数据来源于历年《中国工业统计年鉴》和《中国工业经济统计年鉴》。

治理结构方面。李维安和薛澜（2012）认为中国改革开放的历史就是从行政型治理向经济型治理转变的历史。杜龙政等（2010）认为民营企业的经济型治理更有利于产业链的架构和整合。提出假说2：国有企业所代表的行政型治理与民营企业所代表的经济型治理二者的多寡会影响到区域工业的绿色发展，国有企业的行政型治理可能阻碍区域绿色工业发展。民营企业的经济型治理优于国有企业的行政型治理，民营企业的激励机制往往优于国有企业，这影响到员工个人的发展；民营企业生存压力大，不得不加速环保技术革新。国有企业对于环保的压力不如民营企业敏感，因而对环保投资、产品更新换代以符合绿色环保要求方面，可能不如民营企业做得好，因而国有企业所占工业增加值比例高就可能阻碍区域工业绿色发展。

经济开放度方面，包括进出口所代表的国际化程度和外商直接投资。提出假说3：外商投资的环保逐底竞争假说，或者是地方政府在环境规制方面的逐底竞争。外资可能因为某地区环保要求低而进入。

进出口反映出地区企业综合利用国内外资源和开拓国际市场的能力，有利于区域创新能力的提升（杜龙政和林润辉，2018）。提出假说4：出口可因国外的高环保要求而促使区域工业企业加快绿色环保的改造，进口则可免于在国内生产而降低污染排放。出口与进口对于区域工业绿色发展的影响有两面性。出口的环保要求一般高于国内，所以为满足出口要求地方企业不得不提高对自身的环保要求，另外因环保逐底竞争假说，外资在国内生产以供国外需求的产品，有可能把污染留在生产国，因而出口越多，对当地污染越大。出口受国外需求波动影响大，外需下降就会影响国内产业的发展，所以出口对工业的绿色发展的影响有其两面性。进口则可以免去国内生产所导致的污染，因而有利于国内区域环保；但进口同时也打压了国内产业的发展，又有其不利的一面。所以有必要实证检验国际化程度对于东部、中部、西部区域工业绿色发展的影响，尤其是在南北差距日益扩大的情况下。

宏观经济环境方面，包括人均收入、资源禀赋、城市化和碳强度四个。提出假说5：人均收入的提高会促进工业绿色发展。收入提高使人们对于环境的要求提高，工业化上升期，随着人均收入的提高，因工业发展导致碳排放增加、绿色发展水平降低，而在工业化水平提到一定程度后因产业结构转型，人均收入的提高又会促进绿色发展水平提升，因为经济发展不再依赖于工业，而是污染相对较小的第三产业。

假说6：资源禀赋（资本劳动比）越高，污染越大，对区域工业绿色发展存在负面影响。地区资本劳动比上升，说明该地区经济结构正从劳动密集型向资本密集型转化，而资本密集型产业倾向于重污染，劳动密集型产业趋向于轻污染（涂正革，2008）。人均资源禀赋水平提高，意味着资本密集度提高，资本密集型产业一般是重化工产业，污染排放大。

假说7：城市化水平越高，对于区域绿色发展的负面影响越大。一方面，城市基础设施和住宅投资需求带动了水泥、建材和钢铁等高耗能行业的增长，降低了绿色发展水平。另一方面，非农人口比例提高、第三产业从业人员增加又会提升绿色发展水平（第三产业的污染远远小于第二产业）。

假说8：各地政府高度重视基于温室气体、碳排放的全球关注度。碳强度往往是当地综合性的环保政策的反映，反映出一个地区的综合性环境整治效果，碳强度越低证明当地的环保政策越成功。

7.4.2　变量引入及说明

本章选取环境规制、治理结构、FDI、国际化程度、人均收入、城市化水平、资源禀赋、碳强度 8 个解释变量。各变量选取的经济意义以及构建情况说明如下：

（1）环境规制（ER）：工业治污投入/工业总产值。数据来源于历年《中国工业统计年鉴》和《中国工业经济统计年鉴》。

（2）治理结构（GS）：用国有及国有控股企业总产值与工业总产值的比重来表示。

（3）进出口表示的外贸依存度（Trad），外商直接投资（FDI）。

（4）人均收入（lnPgdp）：以人均 GDP 作为人均收入指标，取其对数形式，以 1994 年为基期，通过 GDP 指数分别得到各省份 1994~2015 年的实际人均 GDP。

（5）碳强度（lnCI）：用 CO_2 排放量除以 GDP 来表示，因为中国统计机构并没有直接公布 CO_2 排放数据。CO_2 排放主要来源于两个生产生活过程：其一是化石能源燃烧排放 CO_2；其二是水泥工业生产过程中从生料转化为熟料环节排放 CO_2。化石能源消费的碳排放量包括能源终端消费碳排放与二次消费碳排放两部分。其中，电力、焦炭、能热等二次能源消费的碳排放均来自其生产过程中化石能源的能量转换与能量损失。因此，能源消费碳排放总量即为各类化石能源的终端消费、能源转换及能源损失所产生的相应碳排放量。由于煤炭、石油和天然气是中国广泛使用的一次能源，但石油分省份消耗量的数据是从 2011 年后才开始统计，在此用原油数据替代石油数据，并借鉴陈诗一（2009）的方法计算出这三种化石能源所对应的碳排放量。数据来源于历年《中国能源统计年鉴》。

（6）城市化水平（Urban）：这一指标用非农人口比重（非农人口/总人口）来衡量，但 2015 年之后不再统计分省份的非农人口数，因此用 2014 年的增长率来推算出 2015 年的非农人口比重，数据来源于历年《中国人口和就业统计年鉴》。

（7）结构因素：资本—劳动比的对数（ln（K/L））表示资源禀赋。

本章各变量的描述统计如表 7-7 所示。

表7-7 各变量的描述性统计

变量名	变量含义	样本量	平均值	标准误	最小值	最大值
ER	环境规制	638	0.002	0.001	0.0001	0.011
GS	国有及国有控股企业总产值占工业总产值的比重	638	0.47	0.22	0.09	1.39
Trad	进出口	638	3932.083	8898.709	10.660	67678.05
FDI	外商直接投资	638	288.578	397.469	0.450	2256.428
lnPgdp	人均收入	638	1.69	1.73	0.15	11.70
lnCI	碳排放强度	638	5.717	4.611	0.957	34.247
Urban	城市化水平	638	0.35	0.17	0.13	0.91
ln（K/L）	资本—劳动比对数	638	1.71	1.03	−1.01	3.99

7.4.3 模型设定

我们借鉴环境库兹涅茨曲线在分析环境污染和经济增长时采用的二次曲线分析方法，并在考虑相关控制变量的基础上，将实证模型设置如下：

$$Y_{it} = \alpha + \beta_1 ER_{it} + \beta_2 ER_{it}^2 + \beta_3 GS_{it} + \beta_4 Trad_{it} + \beta_5 FDI_{it} + \beta_6 Control_{it} + V_i + \varepsilon_{it} \qquad (7-5)$$

其中，Y_{it} 表示第 i 个省份第 t 年绿色发展水平；ER_{it} 表示第 i 个省份第 t 年的环境规制强度；GS_{it} 表示治理结构，用国有及国有控股企业总产值与工业总产值的比重来表示；$Trad_{it}$ 表示进出口；FDI_{it} 表示外商直接投资；$Control_{it}$ 表示控制变量，其中包括人均收入（lnPgdp）表示的经济发展水平、碳排放强度（lnCI）、城市化水平（Urban）和人均资源禀赋水平的资本—劳动比（ln（K/L））；α 为不随个体变化的截距项；V_i 为个体效应；β 为待估参数；ε_{it} 为随机误差项。其中，根据环境库兹涅茨曲线，ER_{it} 前的系数应当为负；随着规制水平的不断提升，ER_{it}^2 前的系数应当为正。

7.4.4 回归结果分析

由于中国各个区域经济发展存在较大差距，我们对中国的 29 个省份进行分组，分为东部、中部、西部三个组，将东北和三个沿海经济区的 13 个省份（黑龙江、吉林、辽宁、北京、河北、山东、天津、江苏、上海、浙江、福建、广东和海南）划分为东部；长江中游、黄河中游的共 8 个省份（河南、山西、内蒙古、陕西、安徽、湖北、湖南和江西）划分为中部；大西南、大西北的 8 个省份（广西、贵州、四川、云南、甘肃、宁夏、青海和新疆）划分为西部。本章希望截距项能反映一定的个体特征，截距项和各解释变量之间存在一定的相关性，从定性的角度来说，选择固定效应会更适合本模型的估计。本章对面板数据进行了 Hausman 检验，表 7-8 给出了基于 ER 的随机效应和固定效应的回归结果，Hausman 检验结果显示应该选择固定效应。

表 7-8 是以 ER 衡量环境规制强度变量时的相应回归结果。可以看出，全国和中部地区的环境规制强度变量的一次项系数为负，二次项系数为正，统计意义显著。随着环境规制强度的由弱变强，会对区域工业绿色发展产生先降低后提高的影响，即环境规制强度和区域工业绿色发展之间符合 "U" 形关系，验证了波特假说。全国、东部地区、中部地区、西部地区的拐点分别在 0.0058、0.0038、0.0045、0.0067，西部地区的显著性低一些，这可能和该地区的环境规制形式不甚合理有关。环境规制政策对企业的影响，不仅与环境规制措施的松紧程度有关，而且还取决于环境规制的形式（Sartzetakis & Constantatos，1995），东部、中部地区相比能更早突破 "U" 形曲线的转折点，这在一定程度上可能也和其相对合理的环境规制形式有关。

表 7-8　1994~2015 年对区域工业绿色发展水平的模型估计结果

变量	全国	南方	北方	东部	中部	西部
	固定效应	固定效应	固定效应	固定效应	固定效应	固定效应
ER	-34.000*** (0.000)	-48.974*** (0.000)	-32.292*** (0.001)	-39.059*** (0.000)	-52.166*** (0.002)	-30.543** (0.013)

续表

变量	全国	南方	北方	东部	中部	西部
	固定效应	固定效应	固定效应	固定效应	固定效应	固定效应
ER^2	2911.132***	6812.54***	2624.706**	5200.829***	5738.511**	2289.587*
	(0.000)	(0.001)	(0.011)	(0.008)	(0.011)	(0.059)
GS	-0.254***	-0.261***	-0.247***	-0.269***	-0.247***	-0.194***
	(0.000)	(0.000)	(0.000)	(0.000)	(0.000)	(0.002)
Trad	0.020**	0.058***	-0.008	0.019	0.030*	0.054***
	(0.042)	(0.000)	(0.582)	(0.165)	(0.143)	(0.005)
FDI	-0.007	-0.031***	0.010	-0.038***	-0.047***	-0.007
	(0.275)	(0.001)	(0.239)	(0.003)	(0.002)	(0.409)
Urban	-0.026	-0.363***	0.744***	-0.195*	-0.487*	0.733***
	(0.799)	(0.001)	(0.000)	(0.098)	(0.147)	(0.001)
lnPgdp	0.344***	0.356***	0.343***	0.411***	0.413***	0.166***
	(0.000)	(0.000)	(0.000)	(0.000)	(0.000)	(0.000)
ln(K/L)	-0.121	-0.126***	-0.153***	-0.204***	-0.102*	-0.035
	(0.000)	(0.000)	(0.000)	(0.000)	(0.053)	(0.284)
lnCI	-0.054***	-0.072***	-0.058**	-0.086***	0.053	-0.020
	(0.000)	(0.000)	(0.015)	(0.000)	(0.194)	(0.540)
常数	0.593***	0.636***	0.442***	0.603***	0.514***	0.330**
	(0.000)	(0.000)	(0.000)	(0.000)	(0.000)	(0.010)
Hausman	111.02	55.35	30.90	33.43	31.42	66.37
	(0.000)	(0.000)	(0.000)	(0.000)	(0.000)	(0.000)
拐点	0.0058	0.0036	0.0062	0.0038	0.0045	0.0067
AR^2	0.8555	0.8915	0.8403	0.9043	0.8861	0.7876
obs	638	308	330	286	176	176

注：*、**、*** 分别表示在10%、5%和1%水平上显著。

在此比较南北方、东中西部的差距，环境规制 ER 及其二次项均显著，且一次项系数为负、二次项系数为正，说明符合"U"形曲线特征，环境规制对工业绿色发展的影响经历了先下降后上升的一个过程，全国的拐点出现在0.0058。就南北方来看，南方的拐点出现在前，为0.0036，北方的拐点出现在 0.0062，高出 72%。就东部、中部、西部来看，环境规制对绿色发展的影响呈"U"形曲线关系，且特征是显著的，拐点依次递增。南方与北方的环境规制拐点的差距类似于东部和西部的差距，这说明南方和北方的环境承受力差距类似于东部和西部的环境承受力差距，北方的环境规制均值比南方高 57%，北方的国有化程度比南方高 39%，南方 FDI 占 GDP 的比重比北方高出 48%，南方的国际化程度比北方高 43%。

治理结构即国有化程度（GS）对于工业绿色全要素生产率的影响为负且显著，不管是南北方还是东部、中部、西部地区，均有显著的负向制约作用，这会影响区域工业绿色发展。从 22 年的国有化程度均值来看，北方（0.5281）比南方（0.3814）高 38%，东部、中部、西部的国有比例是递增关系，依次为 0.3602、0.4647、0.6077，西部高出东部 69%，这说明南方、东部更多的是依靠民营经济，北方、中西部则依赖国有经济。从八大经济区来看也是如此，南部沿海、东部沿海的国有比例分别为 27%、24%，北部沿海为 37%、东北则高达 56%，说明同为沿海地区，民营经济的发展水平差别很大，经商环境也因此显示出较大的差异。大西北更是高达 69%，民营经济发展最差，黄河中游和大西南差不多，国有比例过半，长江中游和北部沿海差不多，为 40% 左右。从 2015 年的截面数据来看，国有化程度普遍下降，但北方（0.3857）比南方高出 62%，南北方差距拉大；西部高出东部 75%，高出中部 59%，说明西部和东部、中部的差距在拉大。东北仍然超过南部沿海的一倍以上。我国北方工业发展对于国有企业的依赖性要大于南方，国企比重高会影响到经商环境，民企生存空间被压缩。适当降低国有企业所占比值，增加民企生存空间，是促进北方工业绿色发展转型的主要条件。

国际化程度（Trad）对于区域绿色发展的影响一般为正，它代表了国际化水平的高低。如表 7-8 所示，全国和南方显著，北方不显著；东部不显著，中部和西部显著。这说明北方的贸易开放度较低，且对区域绿色发展影响不大。

从全国来看，国际化程度对于绿色发展的影响为正；对于东部影响不显著，可能是因为东部地区的国际化程度较高，为55%，把出口产品制造过程中的污染留在了当地，且受外部需求萎缩的影响较大；国际化程度对于中部和西部的影响系数为正，说明出口产品会提升当地工业的绿色发展水平，因为国外需求方对于绿色环保的要求一般高于国内。从国际化程度的均值差异来看，南方高出北方，东部是55%，西部和中部差不多，不足10%，相差巨大。东部沿海、南部沿海、北部沿海超过60%，东北为19%。从2015年截面数据与均值的比较来看，均有所下降，如南部沿海下降了10%，东北下降了37%，大西北下降了20%，长江中游、大西南有所上升，南方的情况好于北方。

外商直接投资（FDI）对于南方、东部、中部的影响均为负且显著，这验证了环保逐底竞争假说。外商直接投资对于北方、西部的影响不显著，对全国整体的影响不显著。从均值与2015年截面数据的对比来看，影响普遍是下降的，只有中部有所上升，这说明中部在"一带一路"背景下具有良好的外商投资条件。从均值来看，南方高出北方48%，南北方差距不大，均为负；东部高出中部177%，高出西部360%。西部外商直接投资对工业绿色发展的影响不显著，说明因为西部条件的相对落后，西部尚难成为外商投资的选择。

反映禀赋结构的资本—劳动比（$\ln(K/L)$）对区域工业绿色发展一般具有显著的负作用，只对西部的影响不显著，基本验证了假说6。从2015年截面数据来看，北方大于南方，高出43%；中西部相似，约低于东部。北部沿海大于南部沿海、东部沿海，约高出50%；大西北、东北约高出南部沿海、东部沿海25%；黄河中游、长江中游、大西南约低于南部沿海和东部沿海30%。说明北方的重化工程度更高，资本密集型产业的污染排放较多；相对于北方，南方的资本密集度没有那么高，南方电子通信、大数据等新型业态的资本密集度产业发展好、污染少。资本密集度方面，北方大于南方，东部大于中西部。

城市化的作用表现出两面性，城市化水平对于区域工业绿色发展水平的影响有正有负，对于全国、南方、东部、中部的影响为负，对于北方、西部的影响为正，这取决于城市化水平的提高对环境影响的正面效应与负面效应的大小。一个可行的解释是：南方的工业化发展较好，就业机会多，农民的城市化很多转移到工业中，就会加大污染排放，此为负面效应；而北方工业落后，农民进城后更多从事污染较少的第三产业，此为正面效应。负面效应的另一个来源是人口集聚，城市化的基建、住宅建设的增加带动了钢铁、水泥等污染较大产业的发展。从2015年截面数据与22年均值的对比来看，东部沿海城市化水平上升25%，南部沿海上升22%，北部沿海上升17%，东北只上升5%，长江中游上升5%，黄河中游下降9%，大西南上升53%，大西北上升29%。城市化的均值方面，南方低于北方，可能是北方农村人口生育出现危机，劳动力出现短缺。

人均收入（lnPgdp）对于工业绿色发展的影响为正且很显著。人均收入的提高，推动了对环保的需求。一是人均收入高的地区产业水平也较高，已经经历了粗放式污染的阶段；二是人均收入的提高使人们对环保的要求提高，对绿色产品的需求增加，从需求层面拉动了绿色产业的发展，促使行业提高绿色发展水平。南北方的人均收入差距不大，东部是中部和西部的2倍左右。东部沿海最高，其次是北部沿海、南部沿海、东北。

从全国和南北方的回归结果来看，碳强度的影响显著且为负，符合假说8。但从东部、中部、西部来看，对东部影响为正，对中部、西部的影响不显著，说明中部、西部的温室气体控制效果还不明显。2015年北方的碳强度是南方的2倍左右，中部、西部是东部的2倍左右。分八大经济区来看，南北方差距明显，北部沿海、东北碳强度分别是东部沿海的1.6倍和2.3倍左右，黄河中游的碳强度是长江中游的3倍左右，大西北的碳强度接近大西南的2倍。

7.5　结论及政策含义

本章采用 GML 方法研究了中国确立社会主义市场经济目标以来 22 年（1994~2015 年）的绿色发展情况，首次从八大经济区的视角，分四阶段对比绿色全要素生产率与市场全要素生产率的状态，找出其关键影响因素，得出的结论如下：

第一，绿色 TFP 小于市场 TFP，且二者均经历了先上升后下降的"低—高—低"三个阶段，在第三阶段达到顶点后，第四阶段又快速回落，这表明结构升级遇到阻碍，绿色转型升级的任务没有完成。八大经济区的绿色发展情况如下：第一阶段发展较为平均，绿色发展水平为正，但不高；第二阶段三个沿海经济区表现最好，我国加入世界贸易组织后沿海受益最大；第三阶段向中部、西部转移，受益于四万亿元刺激计划，长江中游、黄河中游、东北、大西北表现较好；第四阶段南方好，北方不好，长江中游、大西南、东部沿海、南部沿海表现较好，也就是说南方的四大经济区表现较好，北部沿海、东北虽然为正，但增长率接近零，黄河中游、大西北则为负增长。第四阶段的一个典型特征是南方的四大经济区整体较好，北方的四大经济区表现较差，南北方差距拉大。

技术进步超过技术效率，在全要素生产率中发挥了主要作用，且技术进步的规模技术进步和纯技术变化在不同阶段的作用是不一样的，第一阶段绿色 TFP、市场 TFP 均为规模技术进步（STC）作用最大，表示要素配置效率起到主要作用，制度改革红利发挥了作用，释放了劳动力等生产要素的活力，实现了要素配置效率的提升；第二、第三、第四阶段绿色 TFP、市场 TFP 均为纯技术变化（PTC）起主要作用，企业创新、员工素质提升，说明我国加入世界贸易组织后企业技术创新成为生产率提升的关键。

第二，随着环境规制强度的由弱变强，对区域工业绿色发展产生了先降低后提高的影响，即环境规制强度和区域工业绿色发展之间符合"U"形关系。全国、东部、中部、西部的拐点分别出现在 0.0058、0.0038、0.0045、0.0067，西部地区的显著性低一些，这可能和该地区的环境规制形式不甚合理有关。东部、中部地区相比能更早突破"U"形曲线的转折点，在一定程度上可能和其相对合理的环境规制形式有关。就南北方来看，南方的拐点出现在前，为 0.0036，北方的拐点出现在 0.0062，高出 72%。就东部、中部、西部来看，东部、中部、西部的环境规制对绿色发展的"U"形曲线特征是显著的，西部的环境规制水平高出 76%。南方与北方的环境规制拐点的差距类似于东部、西部的差距，这说明南方和北方的环境承受力差距类似于东部、西部之间的差距。就 22 年的均值来看，北方的环境规制均值比南方高 57%；北方的国有化程度比南方高 39%；南方的 FDI/GDP 比北方高出 48%；南方的国际化程度比北方高 43%；南方与北方碳强度均值的差距较大，北方高出南方 121%。

第三，人均收入以及进出口所代表的国际化程度对于区域工业绿色发展的影响基本为正；外商投资以及国有化程度所代表的治理结构对于区域工业绿色发展的影响为负；国有化比值高影响经商环境；同时需进一步对外进行招商选资；城市化的影响有正有负；碳强度的降低会促进工业绿色发展。为此，提出以下对策：

①治理结构即国有化程度对于区域工业绿色发展的影响，不管是南北方还是东中西部，均有显著的负向制约作用。从 22 年的国有化程度均值来看，北方比南方高 38%，西部高出东部 69%，这说明南方、东部更多的是依靠民营经济，北方、中西部则依赖国有经济。国企的行政型治理影响到经商环境，民

企的经济型治理会提升经商环境水平，因此要增加民企生存空间，以加快促进北方、西部工业绿色发展的转型。②外商直接投资对于南方、东部、中部的影响均为负且显著，这验证了环保逐底竞争假说。这要求我们新阶段需要从严要求，招商选资。中部在"一带一路"背景下对FDI的吸引力上升，西部尚难成为外商投资的选择。③国际化程度、人均收入对于区域工业绿色发展的影响一般为正，北方、中西部还需加大国际化开拓力度，推动工业绿色转型。④反映禀赋结构的资本—劳动比（ln（K/L））对区域工业绿色发展一般具有显著的负作用，只对西部的影响不显著。从2015年数据来看，北方需要在新型业态发展上加大努力，加快产业转型。⑤城市化对于区域工业绿色发展水平的影响表现出两面性，有正有负，对于全国、南方、东部、中部的影响为负，对于北方、西部的影响为正。城市化的均值方面，南方低于北方，表明北方农村人口生育出现危机，劳动力出现短缺，需加大人口生育的激励力度。⑥碳强度是当地综合性环保政策的反映，对东部影响为正，对中部、西部的影响不显著，表明中西部的温室气体控制效果还不明显。2015年碳强度北方是南方的2倍左右，中部、西部是东部的2倍左右，这表明北方、中西部的环保压力较大，需采取有效措施继续降低碳排放。

参考文献

［1］ Acemoglu D. , Zilibotti F. Productivity Differences ［J］. Quarterly Journal of Economics, 2001, 116 (2): 563-606.

［2］ Aitken B. J. , Harrison A. E. Do Domestic Flrms Benefit from Direct Foreign Investments? Evidence from Venezuela ［J］. American Economic Review, 1999, 89 (3): 605-618.

［3］ Antràs P. , Chor D. Organizing the Global Value Chain ［J］. Econometrica, 2013, 81 (6): 2127-2204.

［4］ Arellano M. , Bover O. Another Look at the Instrumental Variable Estimation of Error-Components Models ［J］. Journal of Econometrics, 1995, 68 (1): 29-51.

［5］ Armstrong M. Competition in Two-Sided Markets ［J］. The RAND Journal of Economics, 2006, 37 (3): 668 - 691.

［6］ Arnold J. M. , Javorcik B. S. , Mattoo A. Does Services Liberalization Benefit Manufacturing Firms?: Evidence from the Czech Republic ［J］. Journal of International Economics, 2011, 85 (1): 136-146.

［7］ Babajide M. , James S. , Jeffry M. Endogeneity and the Dynamics of Inter-

nal Corporate Governance [J] . Journal of Financial Economics, 2012, 105 (3):
581-606.

[8] Baek J. A New Look at the FDI Income-Energy-Environment Nexus: Dynamic Panel Data Analysis of ASEAN [J] . Energy Policy, 2016, 91 (4):
22-27.

[9] Barbera A. , Mcconnell V. The Impact of Environmental Regulation on Industry Productivity: Direct and Indirect Effects [J] . Journal of Environmental Economics and Management, 1990, 18 (1): 50-65.

[10] Barbosa J. A. , Bragança, L. , Mateus R. Assessment of Land Use Efficiency Using BSA Tools: Development of A New Index [J] . Urban Plan, 2014, 141 (2) .

[11] Baron R. M. , Kenny D. A. The Moderator -Mediator Variable Distinction in Social Psychological Research: Conceptual, Strategic, and Statistical Considerations [J] . Journal of Personality and Social Psychology, 1986, 51 (6): 1173-1182.

[12] Bekes G. , Kleinert J. , Toubal F. Spillovers from Multinationals to Heterogeneous Domestic Firms: Evidence from Hungary [J] . World Economy, 2009, 32 (10): 1467-9701.

[13] Berman E. L. , Bui T. M. Environmental Regulation and Labor Demand: Evidence from the South Coast Air Basin [J] . Journal of Public Economics, 2001, 79 (2): 265-295.

[14] Bertrand M. E. , Duflo S. Mullainathan. How Much Should We Trust Differences-in-Differences Estimates [J] . The Quarterly Journal of Economics, 2004, 119 (1) : 249-275.

[15] Bi G. B. , et al. Does Environmental Regulation Affect Energy Efficiency

in China's Thermal Power Generation? Empirical Evidence from a Slacks-Based DEA Model [J]. Energy Policy, 2014, 66 (3): 537-546.

[16] Blalock G., Gertler P. J. Welfare Gains from Foreign Direct Investment through Technology Transfer to Local Suppliers [J]. Journal of International Economics, 2008, 74 (2): 402-421.

[17] Boyd Gale A., George Tolley, Joseph Pang. Plant Level Productivity, Efficiency, and Environmental Performance of the Container Glass Industry [J]. Environmental and Resource Economics, 2002, 23 (1): 29-43.

[18] Brunnermeier S. B., Cohen M. A. Determinants of Environmental Innovation in US Manufacturing Industries [J]. Journal of Environmental Economics and Management, 2003, 45 (2): 278-293.

[19] Brusoni S., Prencipe A. Making Design Rules: A Multidomain Perspective [J]. Organization Science, 2006, 17 (2): 179-189.

[20] Cai X., et al. Does Environmental Regulation Drive Away Inbound Foreign Direct Investment? Evidence from a Quasi-Natural Experiment in China [J]. Journal of Development Economics, 2016 (123): 73-85.

[21] Caragliu A., Del Bo C., Nijkamp P. Smart Cities in Europe [J]. Journal of Urban Technology, 2011, 18 (2): 65-82.

[22] Cartier C. "Zone Fever", the Arable Land Debate, and Real Estate Speculation: China's Evolving Land Use Regime and Its Geographical Contradictions [J]. Journal of Contemporary China, 2001, 10 (28): 445-469.

[23] Caselli F., Coleman W. J. The World Technology Frontier [J]. American Economic Review, 2006, 96 (3): 499-522.

[24] Caselli F., Esquivel G., Lefort F. Reopening the Convergence Debate: A New Look at Cross-country Growth Empirics [J]. Journal of Economic Growth,

1996, 1 (3): 363-389.

[25] Chambers R. G. , Fare R. S. , Grosskop F. Productivity Growth in APEC Countries [J] . Pacific Economic Review, 1996, 1 (3): 181-190 .

[26] Che Y. , Zhang L. Human Capital, Technology Adoption and Firm Performance: Impacts of China's Higher Education Expansion in the Late 1990s [J] . Economic Journal, 2018 (614): 75-105.

[27] Chen S. Environmental Pollution Emissions, Regional Productivity Growth and Ecological Economic Development in China [J] . China Economic Review, 2014 (35): 171-182.

[28] Chen S. , Golley J. "Green" Productivity Growth in China's Industrial Economy [J] . Energy Economics, 2014 (44): 89-98.

[29] Chung Y. H. , Fare R. , Grosskopf S. Productivity and Undesirable Outputs: A Directional Distance Function Approach [J] . Journal of Environmental Management, 1997, 51 (3): 229-240.

[30] Coe D. T. , Helpman E. International Rand D Spillovers [J] . European Economic Review, 1995, 39 (5): 859-887.

[31] Cusumano M. Technology Strategy and Management the Evolution of Platform Thinking [J] . Communications of the ACM, 2010, 53 (1): 32-34.

[32] Dam L. , Scholtens B. Environmental Regulation and MNEs Location: Does CSR Matter? [J] . Ecological Economics, 2008, 67 (1): 55-65.

[33] Damijan J. P. , et al. Impact of Firm Heterogeneity on Direct and Spillover Effects of FDI: Micro Evidence from Ten Transition Countries [J] . Journal of Comparative Economics, 2013, 41 (3): 895-922.

[34] Dasgupta K. Learning and Knowledge Diffusion in a Global Economy [J] . Journal of International Economics, 2012, 87 (2): 323-336.

［35］Delmelle E. , Zhou Y. , Thill J. C. Densification without Growth Management: Evidence from Local Land Development and Housing Trends in Charlotte, North Carolina, USA［J］. Sustainability, 2014, 6（6）: 3975-3990.

［36］Desiere S. , Jolliffe D. Land Productivity and Plot Size: Is Measurement Error Driving the Inverse Relationship?［J］. Journal of Development Economics, 2018（130）: 84-98.

［37］Ding C. , Lichtenberg E. Land and Urban Economic Growth in China ［J］. Journal of Regional Science, 2011, 51（2）: 299-317.

［38］Domazlicky B. R. , Weber W. L. Does Environmental Protection Lead to Slower Productivity Growth in the Chemical Industry?［J］. Environmental and Resource Economics, 2004, 28（3）: 301-324.

［39］Du J. , Thill J. C. , Peiser R. B. Land Pricing and Its Impact on Land Use Efficiency in Post-Land-Reform China: A Case Study of Beijing［J］. Cities, 2016（50）: 68-74.

［40］Du L. , Zhang Z. , Feng T. Linking Green Customer and Supplier Integration with Green Innovation Performance: The Role of Internal Integration［J］. Business Strategy and the Environment, 2018, 27（8）: 1583-1595.

［41］Du L. , Lin W. Does the Application of Industrial Robots Overcome the Solow Paradox? Evidence from Chiha［J］. Technology in Society, 2022（68）: 101932.

［42］Du L. , et al. Can Vertical Environment Regulation Induce Enterprise Green Innovation? A New Perspective From Automatic Air Quality Monitoring Station in China［J］. Journal of Environment Management, 2022（317）: 115349.

［43］Dulleck U. , Foster N. Imported Equipment, Human Capital and Economic Growth in Developing Countries［J］. Economic Analysis and Policy, 2008, 38

（2）：233-250.

[44] Evans D. S., Schmalensee R. The Industrial Organization of Markets with Two-Sided Platforms [J]. Competition Policy International, 2007, 3 (1)：151-179.

[45] Fang C., et al. Input-Output Efficiency of Urban Agglomerations in China：An Application of Data Envelopment Analysis (DEA) [J]. Urban Studies, 2013, 50 (13)：2766-2790.

[46] Fang J., et al. The Analyses of Multiple Mediation Effects Based on Structural Equation Modeling [J]. Psychological Science, 2014, 37 (3)：735-741.

[47] Färe R., Grosskopf S. A Comment on Weak Disposability in Nonparametric Production Analysis [J]. American Journal of Agricultural Economics, 2009, 91 (2)：535-538.

[48] Färe R., Grosskopf S. Directional Distance Functions and Slacks-Based Measures of Efficiency：Some Clarifications [J]. European Journal of Operational Research, 2010, 206 (3)：702.

[49] Färe R., et al. Productivity Growth, Technical Progress, and Efficiency Change in Industrialized Countries [J]. The American Economic Review, 1994 (3)：66-83.

[50] Färe R., et al. Accounting for Air Pollution Emissions in Measures of State Manufacturing Productivity Growth [J]. Journal of Regional Science, 2001, 41 (3)：381-409.

[51] Feng G., Serletis A. Undesirable Outputs and a Primal Divisia Productivity Index Based on the Directional Output Distance Function [J]. Journal of Econometrics, 2014, 183 (1)：135-146.

[52] Fernandes A. M. , Paunov C. Foreign Direct Investment in Services and Manufacturing Productivity: Evidence for Chile [J] . Journal of Development Economics, 2012, 97 (2): 305-321.

[53] Ferragina A. M. , Mazzotta F. FDI Spillovers on Firm Survival in Italy: Absorptive Capacity Matters! [J] . The Journal of Technology Transfer, 2014, 39 (6): 859-897.

[54] Fukuyama H. , Weber W. L. A Directional Slacks – Based Measure of Technical Inefficiency [J] . Socio-Economic Planning Sciences, 2009, 43 (4): 274-287.

[55] Gawer A. Platform Dynamics and Strategies: From Products to Services [J] . Platforms Markets and Innovation, 2009 (4): 45-76.

[56] Gawer A. , Cusumano M. A. Platform Leadership: How Intel, Microsoft, and Cisco Drive Industry Innovation [M] . Boston, MA: Harvard Business School Press, 2002.

[57] Gawer A. , Cusumano M. A. Industry Platforms and Ecosystem Innovation [J] . Journal of Product Innovation Management, 2014, 31 (3): 417-433.

[58] Görg H. , et al. Multinational Companies, Backward Inkages, and Labour Demand Elasticities [J] . Canadian Journal of Economics, 2009, 42 (1): 332-348.

[59] Gorodnichenko Y. , Svejnar J. , Terrell K. When Does FDI Have Positive Spillovers? Evidence from 17 Transition Market Economies [J] . Journal of Comparative Economics, 2014, 42 (4): 954-969.

[60] Gray R. , Kouhy R. , Lavers S. Constructing a Research Database of Social and Environmental Reporting by UK Companies [J] . Accounting, 1995, 8 (2): 78-101.

[61] Gray W. B. , Shadbegian R. J. Plant Vintage, Technology, and Environmental Regulation [J] . Journal of Environmental Economics and Management, 2003, 46 (3): 384-402.

[62] Griliches Z. R&D and the Productivity Slowdown [R] . National Bureau of Economic Research, 1980.

[63] Groizard J. L. , Ranjan P. Rodriguez-Lopez A. Trade Costs and Job Flows: Evidence from Establishment Level Data [J] . Economic Inquiry, 2015, 53 (1): 173-204.

[64] Guastella G. , Pareglio S. , Sckokai P. A Spatial Econometric Analysis of Land Use Efficiency in Large and Small Municipalities [J] . Land Use Policy, 2017 (63): 288-297.

[65] Hailu A. , Veeman T. S. Environmentally Sensitive Productivity Analysis of the Canadian Pulp and Paper Industry, 1959-1994: An Input Distance Function Approach [J] . Journal of Environmental Economics and Management, 2000, 40 (3): 251-274.

[66] Hamamoto M. Environmental Regulation and the Productivity of Japanese Manufacturing Industries [J] . Resource and Energy Economics, 2006, 28 (4): 299-312.

[67] Hanif I. Impact of Economic Growth, Nonrenewable and Renewable Energy Consumption, and Urbanization on Carbon Emissions in Sub-Saharan Africa [J] . Environ Sci Pollut Res-Int, 2018, 25 (1): 1-11.

[68] Hansen B. E. Threshold Effects in Non-Dynamic Panels: Estimation, Testing, and Inference [J] . Journal of Econometrics, 1999, 93 (2): 345-368.

[69] Hatchuel A. , Masson P. L. , Weil B. Platforms For the Design of Platforms: Collaborating in the Unknown [J] . Platforms Markets and Innovation, 2009

(8): 273-305.

[70] Hausman J. A. Specification Tests in Econometrics [J]. Econometric, 1978, 46 (6): 1251-1271.

[71] He C., Huang Z., Ye X. Spatial Heterogeneity of Economic Development and Industrial Pollution in Urban China [J]. Stochastic Environmental Research and Risk Assessment, 2014, 28 (4): 767-781.

[72] Herzer D., Donaubauer J. The Long-Run Effect of Foreign Direct Investment on Total Factor Productivity in Developing Countries: A Panel Cointegration Analysis [J]. Empirical Economics, 2018, 54 (2): 309-342.

[73] Howell S. T. Joint Ventures and Technology Adoption: A Chinese Industrial Policy that Backfired [J]. Research Policy, 2018, 47 (8): 1448-1462.

[74] Huang Z., He C., Zhu S. Do China's Economic Development Zones Improve Land Use Efficiency? The Effects of Selection, Factor Accumulation and Agglomeration [J]. Landscape and Urban Planning, 2017 (162): 145-156.

[75] Hubert F., Pain N. Inward Investment and Technical Progress in the United Kingdom Manufacturing Sector [J]. Scottish Journal of Political Economy, 2000, 48 (2): 134-147.

[76] Hui E. C. M., et al. Analysis on Coupling Relationship of Urban Scale and Intensive Use of Land in China [J]. Cities, 2015 (42): 63-69.

[77] Irsova Z., Havranek T. Determinants of Horizontal Spillovers from FDI: Evidence from a Large Meta-Analysis [J]. World Development, 2013, 42 (1): 1-15.

[78] Jaffe A. B., Palmer K. Environmental Regulation and Innovation: A Panel Data Study [J]. Review of Economics and Statistics, 1997, 79 (4): 610-619.

［79］Jaffe A. B. , et al. Environmental Regulation and the Competitiveness of U. S. Manufacturing: What Does the Evidence Tell Us? ［J］. Journal of Economic Literature, 1995, 33 (1): 132-163.

［80］Javorcik B. S. , Spatareanu M. To Share or Not to Share: Does Local Participation Matter for Spillovers from Foreign Direct Investment? ［J］. Journal of Development Economics, 2008, 85 (2): 194-217.

［81］Javorcik B. S. , Spatareanu M. Tough Love: Do Czech Suppliers Learn from Their Relationships with Multinationals? ［J］. Scandinavian Journal of Economics, 2009, 111 (4): 811-833.

［82］Javorcik B. S. , Turco A. L. , Maggioni D. New and Improved: Does FDI Boost Production Complexity in Host Countries? ［J］. The Economic Journal, 2018, 128 (9): 2507-2537.

［83］Jin G. , et al. Spatio-Temporal Patterns of Urban Land Use Efficiency in the Yangtze River Economic Zone During 2005-2014 ［J］. Acta Geographic Sinica, 2018, 73 (7): 1242-1252.

［84］Jing L. , et al. Measuring of Urban Land Use Efficiency and Its Dynamic Development in China ［J］. Economic Geography, 2017, 37 (8): 162-167.

［85］Kahn, et al. Water Pollution Progress at Borders: The Role of Changes in China's Political. Promotion Incentives ［J］. American Economic Journal Economic Policy, 2015, 7 (4): 223-242.

［86］Kaneko S. , Managi S. Environmental Productivity in China ［J］. Economics Bulletin, 2004, 11 (2): 1-10.

［87］Keivani R. , Mattingly M. , Majedi H. Public Management of Urban Land, Enabling Markets and Low-Income Housing Provision: The Overlooked Experience of Iran ［J］. Urban Studies, 2008, 45 (9), 1825-1853.

[88] Keller W. , Yeaple S. R. Multinational Enterprises, International Trade, and Productivity Growth: Hrm-Level Evidence from the United States [J] . The Review of Economics and Statistics, 2009, 91 (4): 821-831.

[89] Kim J. H. Measuring the Containment and Spillover Effects of Urban Growth Boundaries: The Case of the Portland Metropolitan Area [J] . Growth and Change, 2013, 44 (4): 650-675.

[90] Kokko A. , Tansini R. , Zejan M. C. Local Technological Capability and Productivity Spillovers from FDI in the Uruguayan Manufacturing Sector [J] . Journal of Development Studies, 1996, 32 (4): 602-611.

[91] Kugler M. Spillovers from Foreign Direct Investment: Within or between Industries? [J] . Journal of Development Economics, 2006, 80 (2): 444-477.

[92] Kumar S. Environmentally Sensitive Productivity Growth: A Global Analysis Using Malmquist-Luenberger Index [J] . Ecological Economics, 2006, 56 (2): 280-293.

[93] Lanjouw J. O. , Mody A. Innovation and the International Diffusion of Environmentally Responsive Technology [J] . Research Policy, 1996, 25 (4): 549-571.

[94] Lanoie P. , Patry M. , Lajeunesse R. Environmental Regulation and Productivity: Testing The Porter Hypothesis [J] . Journal of Productivity Analysis, 2008, 30 (2): 121-128.

[95] Li H. , et al. Regional Environmental Efficiency Evaluation in China: Analysis Based on the Super-SBM Model with Undesirable Outputs [J] . Mathematical and Computer Modelling, 2013, 58 (5-6): 1018-1031.

[96] Liang L. , Wang Z. , Li J. The Effect of Urbanization on Environmental Pollution in Rapidly Developing Urban Agglomerations [J] . Journal of Cleaner Pro-

duction 2019 (237): 117649.

[97] Lichtenberg F. , Pottelsberghe B. Does Foreign Direct Investment Transfer Technology Across Borders [J] . Review of Economics and Statistics, 2001, 83 (3): 490-497.

[98] Liu H. , Li Z. Carbon Cap－and－Trade in China: A Comprehensive Framework [J] . Emerging Markets Finance and Trade, 2017, 53 (50): 1152-1169.

[99] Liu J. , Tone K. A Multistage Method to Measure Efficiency and Its Application to Japanese Banking Industry [J] . Socio－Economic Planning Sciences, 2008, 42 (2): 75-91.

[100] Liu K. , Lin B. Research on Influencing Factors of Environmental Pollution in China: A Spatial Econometric Analysis [J] . Journal of Cleaner Production, 2018, 206 (1156): 356-364.

[101] Liu L. , et al. The Impact of Financial Development on Energy Demand: Evidence from China [J] . Emerging Markets Finance and Trade, 2018, 54 (2): 269-287.

[102] Liu Y. , et al. Impacts of Land Finance on Urban Sprawl in China: The Case of Chongqing [J] . Land Use Policy, 2018 (72): 420-432.

[103] Liu Y. , Wang L. , Long H. Spatio－Temporal Analysis of Land－Use Conversion in the Eastern Coastal China During 1996-2005 [J] . Journal of Geographical Sciences, 2008, 18 (3): 274-282.

[104] Liu Y. , Zhou Y. , Wu W. Assessing the Impact of Population, Income and Technology on Energy Consumption and Industrial Pollutant Emissions in China [J] . Applied Energy, 2015, 155 (10): 904-917.

[105] Lu X. , et al. Is High-Tech Zone a Policy Trap or a Growth Drive? In-

sights from the Perspective of Urban Land Use Efficiency [J]. Land Use Policy, 2020 (95): 104583.

[106] Managi S., Kaneko S. Economic Growth and the Environment in China: An Empirical Analysis of Productivity [J]. International Journal of Global Environmental Issues, 2006, 6 (1): 89-133.

[107] Martinho V. J. P. D. Efficiency, Total Factor Productivity and Returns to Scale in a Sustainable Perspective: An Analysis in the European Union at Farm and Regional Level [J]. Land Use Policy, 2017 (68): 232-245.

[108] Meng Y., et al. Industrial Land-Use Efficiency and Planning in Shunyi, Beijing [J]. Landscape and Urban Planning, 2008, 85 (1): 40-48.

[109] Meyer M. H., Lehnerd A. P. The Power of Product Platforms: Building Value and Cost Leadership [M]. New York: Free Press, 1997.

[110] Muffatto M., Roveda M. Product Architecture and Platforms: A Conceptual Framework [J]. International Journal of Technology Management, 2002, 24 (1): 1-16.

[111] Naanaa I. D., Sellaouti F. Technological Diffusion and Growth: Case of The Tunisian Manufacturing Sector [J]. Journal of the Knowledge Economy, 2017, 8 (1): 369-383.

[112] Nanere M., et al. Environmentally Adjusted Productivity Measurement: An Australian Case Study [J]. Journal of Environmental Management, 2007, 85 (2): 350-362.

[113] Nicolini M., Resmini L. Which Flrms Create Them and Which Flrms Really Benefit? FDI Spillovers in New EU Member States [J]. Economics of Transition, 2010, 18 (3): 487-511.

[114] Oh D. H. A Global Malmquist-Luenberger Productivity Index [J].

Journal of Productivity Analysis, 2010, 4 (3): 183-197.

[115] Oh D. H., Heshmati A. A Sequential Malmquist-Luenberger Productivity Index: Environmentally Sensitive Productivity Growth Considering the Progressive Nature of Technology [J]. Energy Economics, 2010, 32 (6): 1345-1355.

[116] Orlic E., Hashi I., Hisarciklilar M. Cross Sectoral FDI Spillovers and Their Impact on Manufacturing Productivity [J]. International Business Review, 2018, 27 (4): 777-796.

[117] Osman T., Divigalpitiya P., Arima T. Driving Factors of Urban Sprawl in Giza Governorate of Greater Cairo Metropolitan Region Using AHP Method [J]. Land Use Policy, 2016 (58): 21-31.

[118] Pacheco L. M., Rodrigues A. M. F., Liboni L. B. Green Absorptive Capacity: A Mediation-Moderation Model of Knowledge For Innovation [J]. Business Strategy and The Environment, 2018, 27 (8): 1502-1513.

[119] Papyrakis E., Gerlagh R. Resource Abundance and Economic Growth in the United States [J]. European Economic Review, 2007, 51 (4): 1011-1039.

[120] Peng B. B., Xu J. H., Fan Y. Modeling Uncertainty in Estimation of Carbon Dioxide Abatement Costs of Energy-Saving Technologies for Passenger Cars in China [J]. Energy Policy, 2018 (113): 306-319.

[121] Poelhekke S., Ploeg F. V. D. Green Havens and Pollution Havens [J]. World Economy, 2015, 38 (7): 1159-1178.

[122] Popp D. International Technology Transfer, Climate Change, and the Clean Development Mechanism [J]. Review of Environmental Economics and Policy, 2011, 5 (1): 131-152.

[123] Porter M. E. America's Green Strategy [J]. Scientific American,

1991, 264 (4): 168.

[124] Porter M. E., Van Der Linde C. Green and Competitive: Ending the Stalemate [J]. Harvard Business Review, 1995, 73 (5): 120-134.

[125] Porter M. E., Van der Linde C. Toward a New Conception of The Environment Competitiveness Relationship [J]. Journal of Economic Perspectives, 1995, 9 (4): 97-118.

[126] Rojec M., Knell M. Why is There a Lack of Evidence on Knowledge Spillovers from Foreign Direct Investment? [J]. Journal of Economic Surveys, 2018, 32 (3): 579-612.

[127] Sartzetakis E. S., Constantatos C. Environmental Regulation and International Trade [J]. Journal of Regulatory Economics, 1995, 8 (1): 61-72.

[128] Shadbegian R. J., Gray W. B. Pollution Abatement Expenditures and Plant-Level Productivity: A Production Function Approach [J]. Ecological Economics, 2005, 54 (2-3): 196-208.

[129] Silvestre B. S., Tirca D. M. Innovations for Sustainable Development: Moving toward a Sustainable Future [J]. Journal of Cleaner Production, 2019, 208 (1658): 325-332.

[130] Sun Y., et al. Does the Establishment of Development Zones really Improve Industrial Land Use Efficiency? Implications for China's High-Quality Development Policy [J]. Land Use Policy, 2020, (90): 104265.

[131] Tao X., Wang P., Zhu B. Provincial Green Economic Efficiency of China: A Non-Separable Input-Output SBM Approach [J]. Applied Energy, 2016 (171): 58-66.

[132] Tone K. A Slacks-Based Measure of Efficiency in Data Envelopment Analysis [J]. European Journal of Operational Research, 2001, 130 (3): 498-

509.

[133] Tone K. A Slacks-Based Measure of Super-Efficiency in data Envelopment Analysis [J]. European Journal of Operational Research, 2002, 143 (1): 32-41.

[134] Turnbull G. K. Irreversible Development and Eminent Domain: Compensation Rules, Land Use and Efficiency [J]. Journal of Housing Economics, 2010, 19 (4): 243-254.

[135] Verma P., Raghubanshi A. S. Urban Sustainability Indicators: Challenges and Opportunities [J]. Ecological Indicators, 2018 (93): 282-291.

[136] Wang A., et al. Do Pilot Free Trade Irade Iones Improve the Green Total Factor Productivity? Evidence from a Quasi - Natural Experiment in China [J]. Environment Science and Pollution Research, 2022 (50): 75307-75321.

[137] Wang H., Wheeler D. Endogenous Enforcement and Effectiveness of China's Pollution Levy System [M]. Washington, D. C.: World Bank Publications, 2000.

[138] Wang P., et al. The Impact of Land Finance on Urban Land Use Efficiency: A Panel Threshold Model For Chinese Provinces [J]. Growth and Change, 2021, 52 (1): 310-331.

[139] Wang S., Li G., Fang C. Urbanization, Economic Growth, Energy Consumption, and CO_2 Emissions: Empirical Evidence from Countries with Different Income Levels [J]. Renewable and Sustainable Energy Reviews, 2018, 81 (2): 2144-2159.

[140] Wang Y., et al. Inter-Regional and Sectoral Linkage Analysis of Air Pollution in Beijing-Tianjin-Hebei (Jing-Jin-Ji) Urban Agglomeration of China [J]. Journal of Cleaner Production, 2017 (165): 1436-1444.

[141] Wang, et al. Dynamics of Land Use Efficiency with Ecological Intercorrelation in Regional Development [J]. Landscape and Urban Planning, 2018 (177): 303-316.

[142] Watanabe M., Tanaka K. Efficiency Analysis of Chinese Industry: A Directional Distance Function Approach [J]. Energy Policy, 2007, 35 (12): 6323-6331.

[143] Wei Y. D., Li H., Yue W. Urban Land Expansion and Regional Inequality in Transitional China [J]. Landscape and Urban Planning, 2017 (163): 17-31.

[144] Wu C., et al. Economic Transition, Spatial Development and Urban Land Use Efficiency in the Yangtze River Delta, China [J]. Habitat International, 2017 (63): 67-78.

[145] Xie H., et al. Spatial-Temporal Disparities, Saving Potential and Influential Factors of Industrial Land Use Efficiency: A Case Study in Urban Agglomeration in the Middle Reaches of the Yangtze River [J]. Land Use Policy, 2018 (75): 518-529.

[146] Xie H., et al. Spatial-Temporal Disparities and Influencing Factors of Total-Factor Green Use Efficiency of Industrial Land in China [J]. Journal of Cleaner Production, 2019 (207): 1047-1058.

[147] Xie H., Wang W. Exploring the Spatial-Temporal Disparities of Urban Land Use Economic Efficiency in China and Its Influencing Factors under Environmental Constraints Based on a Sequential Slacks-Based Model [J]. Sustainability, 2015, 7 (8), 10171-10190.

[148] Xu H., et al. Does Regional Planning Policy of Yangtze River Delta Improve Green Technology Innovation? Evidence from a Quasi-Natural Experiment in

China [J] . Environment Science and Pollution Research, 2021, 28 (44):
62321-62337.

[149] Xu H. , et al. Does the New Energy Demonstration Cities Construction
Reduce CO_2 Emission? Evidence from a Quasi – Natural Experiment in China
[J] . Environment Science and Pollution Research, 2022, 29 (33): 50408 –
50426.

[150] Yan S. , Peng J. , Wu Q. Exploring the Non-Linear Effects of City Size
on Urban Industrial Land Use Efficiency: A Spatial Econometric Analysis of Cities in
Eastern China [J] . Land Use Policy, 2020 (99): 104944.

[151] Yang C. H. , Wu L. , Lin H. L. Analysis of Total-Factor Cultivated
Land Efficiency in China's Agriculture [J] . Agricultural Economics, 2010, 56
(5): 231-242.

[152] Yang H. , He J. , Chen S. The Fragility of the Environmental Kuznets
Curve: Revisiting the Hypothesis with China's Data Via an "Extreme Bound Analy-
sis" [J] . Ecological Economics, 2015, 109 (1): 41-58.

[153] Yang L. , et al. Evaluation of Regional Environmental Efficiencies in
China Based on Super-Efficiency-DEA [J] . Ecological Indicators, 2015 (51):
13-19.

[154] Young Alwyn. Gold into Base Metals Productivity Growth in the People's
Republic of China during the Reform Period [J] . Journal of Political Economy,
2003 (111): 1220-1261.

[155] Yu J. , Zhou K. , Yang S. Land Use Efficiency and Influencing Factors
of Urban Agglomerations in China [J] . Land Use Policy, 2019 (88): 104-113.

[156] Zheng J. , et al. A Highly Resolved Temporal and Spatial Air Pollutant
Emission Inventory for the Pearl River Delta Region, China and Its Uncertainty As-

sessment [J]. Atmospheric Environment, 2009, 43 (32): 5112-5122.

[157] Zhou Y., Tan G. Impact of Local Government Competition on the Efficiency of Urban Land Use [J]. Areal Research and Development, 2017, 36 (3): 118-122.

[158] Zhu X. H., et al. Measuring the Efficiency and Driving Factors of Urban Land Use Based on the DEA Method and the PLS-SEM Model—A Case Study of 35 Large and Medium-Sized Cities in China [J]. Sustainable Cities and Society, 2019 (50): 101646.

[159] Zhu X., et al. Temporal-Spatial Characteristics of Urban Land Use Efficiency of China's 35Mega Cities Based on DEA: Decomposing Technology and Scale Efficiency [J]. Land Use Policy, 2019 (88): 104083.

[160] 阿里研究院. 互联网+: 从 IT 到 DT [M]. 北京: 机械工业出版社, 2015.

[161] 阿里研究院. 平台经济 [M]. 北京: 机械工业出版社, 2016.

[162] 阿明. 不平等的发展 [M]. 上海: 商务印书馆, 1990.

[163] 埃里克·冯·希佩尔. 大众创新 [M]. 北京: 中信出版社, 2017.

[164] 安索夫. 企业战略论 [M]. 北京: 中国社会科学出版社, 1965.

[165] 奥萨多. 绿色发展战略: 企业"变绿"何时产生回报 [M]. 北京: 机械工业出版社, 2012.

[166] 白景坤, 王健, 张贞贞. 平台企业网络自组织形成机理研究——以淘宝网为例 [J]. 中国软科学, 2017 (5): 171-180.

[167] 包群, 陈媛媛, 宋立刚. 外商投资与东道国环境污染: 存在倒 U 型曲线关系吗? [J]. 世界经济, 2010, 33 (1): 3-17.

[168] 蔡昉, 都阳, 王美艳. 经济发展方式转变与节能减排内在动力

［J］．经济研究，2008（6）：4-11.

［169］蔡跃洲．科技成果转化的内涵边界与统计测度［J］．科学学研究，2015（1）：37-44.

［170］蔡跃洲，陈楠．新技术革命下人工智能与高质量增长、高质量就业［J］．数量经济技术经济研究，2019，36（5）：3-22.

［171］蔡跃洲，张钧南．信息通信技术对中国经济增长的替代效应与渗透效应［J］．经济研究，2015（12）：100-114.

［172］陈虹，杨成玉．"一带一路"国家战略的国际经济效应研究——基于CGE模型的分析［J］．国际贸易问题，2015（10）：4-13.

［173］陈诗一．能源消耗、二氧化碳排放与中国工业的可持续发展［J］．经济研究，2009，44（4）：41-55.

［174］陈诗一．中国的绿色工业革命：基于环境全要素生产率视角的解释（1980-2008）［J］．经济研究，2010（11）：21-34.

［175］陈诗一．中国各地区低碳经济转型进程评估［J］．经济研究，2012（8）：33-45.

［176］陈淑云，杨建坤．人口集聚能促进区域技术创新吗——对2005-2014年省级面板数据的实证研究［J］．科技进步与对策，2017，34（5）：45-51.

［177］陈威如，余卓轩．平台战略：正在席卷全球的商业模式革命［M］．北京：中信出版社，2013.

［178］陈霞．高管激励、研发投入与企业绩效调节效应实证分析［J］．统计与决策，2017（1）：178-181.

［179］陈璇，Lindkvist K. B. 环境绩效与环境信息披露：基于高新技术企业与传统企业的比较［J］．管理评论，2013，25（9）：117-130.

［180］戴夫·格雷，托马斯·范德尔·沃尔．互联网思维的企业［M］．

北京：人民邮电出版社，2014.

[181] 戴维·兰德斯. 文化使局面几乎完全不一样 [M] //塞缪尔·亨廷顿，劳伦斯·哈里森. 文化的重要作用：价值观如何影响人类进步. 北京：新华出版社，2010.

[182] 董洁林，陈娟. 无缝开放式创新：基于小米案例探讨互联网生态中的产品创新模式 [J]. 科研管理，2014，35（12）：76-84.

[183] 董洁林，陈娟. 互联网时代制造商如何重塑与用户的关系——基于小米商业模式的案例研究 [J]. 中国软科学，2015（8）：22-33.

[184] 杜龙政，林润辉. 对外直接投资、逆向技术溢出与省域创新能力——基于中国省际面板数据的门槛回归分析 [J]. 中国软科学，2018，33（1）：149-162.

[185] 杜龙政，林润辉，李维安，等. 企业集团技术金字塔及其创新路径研究 [J]. 中国软科学，2011（1）：113-123.

[186] 杜龙政，林伟芬. 中国对"一带一路"沿线直接投资的产能合作效率研究——基于24个新兴国家、发展中国家的数据 [J]. 数量经济技术经济研究，2018，35（12）：3-21.

[187] 杜龙政，刘友金. 基于"关系"发展视角的企业集群式创新研究 [J]. 系统工程，2005（12）：53-58.

[188] 杜龙政，汪延明，李石. 产业链治理架构及其基本模式研究 [J]. 中国工业经济，2010（3）：110-119.

[189] 杜龙政，等. 环境规制、治理转型对绿色竞争力提升的复合效应——基于中国工业的经验证据 [J]. 经济研究，2019，54（10）：106-120.

[190] 方颖，赵扬. 寻找制度的工具变量：估计产权保护对中国经济增长的贡献 [J]. 经济研究，2011，46（5）：138-148.

[191] 冯华，陈亚琦. 平台商业模式创新研究——基于互联网环境下的

时空契合分析 [J]. 中国工业经济, 2016 (3): 99-113.

[192] 国家发展改革委经济研究所课题组. 推动经济高质量发展研究 [J]. 宏观经济研究, 2019 (2): 5-17.

[193] 华中生. 网络环境下的平台服务模式及其管理问题 [J]. 管理科学学报, 2013, 16 (12): 1-12.

[194] 黄亮雄, 钱馨蓓, 隋广军. 中国对外直接投资改善了"一带一路"沿线国家的基础设施水平吗? [J]. 管理评论, 2018, 30 (3): 226-239.

[195] 蒋伏心, 王竹君, 白俊红. 环境规制对技术创新影响的双重效应——基于江苏制造业动态面板数据的实证研究 [J]. 中国工业经济, 2013 (7): 46-57.

[196] 克莱·舍基. 认知盈余 [M]. 北京: 中国人民大学出版社, 2012.

[197] 克莱·舍基. 人人时代: 无组织的组织力量 [M]. 杭州: 浙江人民出版社, 2015.

[198] 克里斯·安德森. 长尾理论: 为什么商业的未来是小众市场 [M]. 北京: 中信出版社, 2015.

[199] 匡远凤. 技术效率、技术进步、要素积累与中国农业经济增长——基于 SFA 的经验分析 [J]. 数量经济技术经济研究, 2012 (1): 4-19.

[200] 匡远凤, 彭代彦. 中国环境生产效率与环境全要素生产率分析 [J]. 经济研究, 2012 (7): 62-74.

[201] 李斌, 彭星, 欧阳铭珂. 环境规制、绿色全要素生产率与中国工业发展方式转变——基于 36 个工业行业数据的实证研究 [J]. 中国工业经济, 2013 (4): 56-68.

[202] 李虹, 邹庆. 环境规制、资源禀赋与城市产业转型研究——基于

资源型城市与非资源型城市的对比分析［J］．经济研究，2018，53（11）：184-200．

［203］李建军，李俊成．"一带一路"基础设施建设、经济发展与金融要素［J］．国际金融研究，2018（2）：8-18．

［204］李锴，齐绍洲．贸易开放、经济增长与中国二氧化碳排放［J］．经济研究，2011（11）：60-72．

［205］李锴，齐绍洲．贸易开放、自主选择与中国区域碳排放绩效差距——基于倾向得分匹配模型的"反事实"分析［J］．财贸研究，2018，29（1）：50-65+110．

［206］李雷，赵先德，简兆权．网络环境下平台企业的运营策略研究［J］．管理科学学报，2016，19（3）：15-33．

［207］李玲，陶锋．中国制造业最优环境规制强度的选择——基于绿色全要素生产率的视角［J］．中国工业经济，2012（5）：70-82．

［208］李婉红．排污费制度驱动绿色技术创新的空间计量检验——以29个省域制造业为例［J］．科研管理，2015（6）：1-9．

［209］李维安，徐建，姜广省．绿色治理准则：实现人与自然的包容性发展［J］．南开管理评论，2017，20（5）：23-28．

［210］李维安，薛澜．大型企业集团创新治理［M］．北京：科学出版社，2012．

［211］林伯强．中国二氧化碳的环境库兹涅茨曲线预测及影响因素分析［J］．管理世界，2009，187（4）：27-36．

［212］刘乃全，戴晋．我国对"一带一路"沿线国家OFDI的环境效应［J］．经济管理，2017，39（12）：6-23．

［213］刘润．互联网+小米案例版［M］．北京：北京联合出版公司，2015．

［214］刘帅．中国经济增长质量的地区差异与随机收敛［J］．数量经济技术经济研究，2019，36（9）：24-41.

［215］隆云滔，刘海波，蔡跃洲．人工智能技术对劳动力就业的影响——基于文献综述的视角［J］．中国软科学，2020（12）：56-64.

［216］陆铭，张航梁，文泉．偏向中西部的土地供应如何推升了东部的工资［J］．中国社会科学，2015（5）：59-85+204-205.

［217］吕峻．公司环境披露与环境绩效关系的实证研究［J］．管理学报，2012，9（12）：1856-1863.

［218］吕文栋，赵杨，韦远．论弹性风险管理——应对不确定情境的组织管理技术［J］．管理世界，2019，35（9）：116-132.

［219］马艳，李俊，王琳．论"一带一路"的逆不平等性：驳中国"新殖民主义"质疑［J］．世界经济，2020（1）：3-22.

［220］米奇·乔尔．湿营销［M］．北京：中国人民大学出版社，2010.

［221］彭海珍，任荣明．所有制结构与环境业绩［J］．中国管理科学，2004，12（3）：136-140.

［222］皮凯蒂．21世纪资本论［M］．北京：中信出版社，2014.

［223］齐绍洲，徐佳．贸易开放对"一带一路"沿线国家绿色全要素生产率的影响［J］．中国人口·资源与环境，2018，28（4）：134-144.

［224］祁毓，郭均均．FDI会影响地方政府效率吗？［J］．数量经济技术经济研究，2012，29（2）：21-36.

［225］邱斌，杨帅，辛培江．FDI技术溢出渠道与中国制造业生产率增长研究：基于面板数据的分析［J］．世界经济，2008（8）：20-31.

［226］邵帅，张可，豆建民．经济集聚的节能减排效应：理论与中国经验［J］．管理世界，2019，35（1）：36-60+226.

［227］施展．溢出［M］．北京：中信出版集团，2020.

[228] 石大千, 等. 智慧城市建设能否降低环境污染 [J]. 中国工业经济, 2018, 363 (6): 119-137.

[229] 史桂芬. 人口迁移、劳动力结构与经济增长 [J]. 管理世界, 2018, 34 (11): 174-175.

[230] 单豪杰, 师博. 中国工业部门的资本回报率: 1978-2006 [J]. 产业经济研究, 2008 (6): 1-9.

[231] 陶长琪, 齐亚伟. 中国全要素生产率的空间差异及其成因分析 [J]. 数量经济技术经济研究, 2010, 27 (1): 19-32.

[232] 涂正革, 肖耿. 环境约束下的中国工业增长模式研究 [J]. 世界经济, 2009 (11): 41-54.

[233] 涂正革. 环境、资源与工业增长的协调性 [J]. 经济研究, 2008 (2): 93-105.

[234] 涂正革. 工业二氧化硫排放的影子价格: 一个新的分析框架 [J]. 经济学 (季刊), 2010 (1): 259-282.

[235] 涂正革. 中国的碳减排路径与战略选择——基于八大行业部门碳排放量的指数分解分析 [J]. 中国社会科学, 2012 (3): 78-94.

[236] 王兵, 刘光天. 节能减排与中国绿色经济增长——基于全要素生产率的视角 [J]. 中国工业经济, 2015 (5): 57-69.

[237] 王兵, 吴延瑞, 颜鹏飞. 从中国区域环境效率与环境全要素生产率增长 [J]. 经济研究, 2010, 45 (5): 95-109.

[238] 王杰, 刘斌. 环境规制与企业全要素生产率——基于中国工业企业数据的经验分析 [J]. 中国工业经济, 2014 (3): 44-56.

[239] 王恕立, 吴楚豪. "一带一路" 倡议下中国的国际分工地位——基于价值链视角的投入产出分析 [J]. 财经研究, 2018, 44 (8): 18-30.

[240] 王文普. 环境规制, 空间溢出与地区产业竞争力 [J]. 中国人

口·资源与环境，2013，23（8）：123-130．

［241］王志平．生产效率的区域特征与生产率增长的分解——基于主成分分析与随机前沿超越对数生产函数的方法［J］．数量经济技术经济研究，2010（1）：33-43．

［242］王辉，林伟芬，谢锐．高管环保背景与绿色投资者进入［J］．数量经济技术经济研究，2022（12）：173-194．

［243］伟雅俱乐部．韩都衣舍：一个网商的成长回顾及未来展望［M］．北京：机械工业出版社，2015．

［244］温忠麟，刘红云，侯杰泰．调节效应和中介效应分析［M］．北京：教育科学出版社，2012．

［245］吴延瑞．生产率对中国经济增长的贡献：新的估计［J］．经济学（季刊），2008，7（3）：58-73．

［246］谢萌萌，等．人工智能、技术进步与低技能就业——基于中国制造业企业的实证研究［J］．中国管理科学，2020，28（12）：54-66．

［247］许和连，邓玉萍．外商直接投资导致了中国的环境污染吗？——基于中国省际面板数据的空间计量研究［J］．管理世界，2012（2）：36-49．

［248］殷宝庆．环境规制与我国制造业绿色全要素生产率——基于国际垂直专业化视角的实证［J］．中国人口·资源与环境，2012，22（2）：60-66．

［249］原毅军，谢荣辉．产业集聚、技术创新与环境污染的内在联系［J］．科学学研究，2015（9）：62-69．

［250］张成，于同申，郭路．环境规制影响了中国工业的生产率吗——基于 DEA 与协整分析的实证检验［J］．经济理论与经济管理，2010（3）：11-17．

［251］张成，等．环境规制强度和生产技术进步［J］．经济研究，2011，

46（2）：113-124.

　　[252] 赵霄伟. 地方政府间环境规制竞争策略及其地区增长效应——来自地级市以上城市面板的经验数据 [J]. 财贸经济, 2014（10）：105-113.

　　[253] 郑京海, 胡鞍钢. 中国改革时期省际生产率增长变化的实证分析（1979-2001年）[J]. 经济学（季刊）, 2005（1）：263-296.

　　[254] 周文, 赵方. 中国"一带一路"倡议下的中非合作是"新殖民主义"吗? [J]. 马克思主义研究, 2017（1）：129-142+152.

　　[255] 朱承亮, 岳宏志, 李婷. 中国经济增长效率及其影响因素的实证研究：1985~2007年 [J]. 数量经济技术经济研究, 2009（9）：52-63.